Bête noire

« Condamné à plaider »

ÉRIC DUPOND-MORETTI

avec

STÉPHANE DURAND-SOUFFLAND

Bête noire

« Condamné à plaider »

© Éditions Michel Lafon, 2012
11-13, boulevard Paul-Émile-Victor – Île de la Jatte
92521 Neuilly-sur-Seine Cedex

www.michel-lafon.com

*Pour Quentin, Tiffany, Raphaël et Clément,
en espérant qu'ils n'auront jamais
affaire à la justice.*

En quelque sorte, on avait l'air de traiter cette affaire en dehors de moi. Tout se déroulait sans mon intervention. Mon sort se réglait sans qu'on prenne mon avis. De temps en temps, j'avais envie d'interrompre tout le monde et de dire : « Mais tout de même, qui est l'accusé ? C'est important d'être l'accusé. Et j'ai quelque chose à dire. » Mais réflexion faite, je n'avais rien à dire.

L'Étranger, Albert CAMUS

Avant-propos

Laissez-moi vous emmener aux assises. Regardez comment, aujourd'hui, dans notre pays qui se veut celui des Droits de l'homme, on juge un homme pour un crime de sang. Observez le président quand il pose ses questions, devinez qui l'agace le plus : l'accusé, l'avocat qui le défend, ou l'avocat général qui l'accuse ? Prêtez attention aux arguments de ce dernier, chargé de prouver la culpabilité de l'homme du box : Est-il convaincant ? Fait-il des efforts pour l'être ? Imprégnez-vous de l'atmosphère unique qui règne à la cour d'assises : les boiseries patinées sur les murs, les allégories pompières au plafond, la solennité des robes rouges rehaussées d'hermine, le langage châtié des professionnels qui, parfois, jouent leur rôle comme s'ils étaient au théâtre, mais aussi le costume défraîchi de l'accusé encadré par deux policiers, ses mots maladroits et souvent inaudibles, ses gestes mal maîtrisés – ceux du naufrage –, les contradictions des témoins, les certitudes des experts.

Concentrez-vous sur l'avocat, qui s'agite dans sa robe noire. Comment fait-il pour défendre celui-ci, qui nie un viol bien que la victime le désigne, ou celui-là, qui reconnaît avoir égorgé un gamin de huit ans, ou tel autre, qui, pour la quatrième fois, répond d'un vol à main armée et a laissé un convoyeur de fonds sur le carreau, sa veuve et ses enfants sanglotant sur le banc qui fait face au box, soutenu par un avocat vêtu de la même robe noire ?

Je suis avocat depuis 1984. La plupart du temps, je suis du côté de celui que vous pouvez être tenté d'appeler « le monstre » ; mais il m'arrive aussi d'épauler des victimes, dont la souffrance me transperce quel que soit le rôle que je tiens. Parce que je ne suis ni fasciné par le crime, ni aspiré par le mal, ni émoustillé par la sauvagerie. Faut-il être malade pour être un bon médecin ? L'avocat n'est pas un moraliste : il a fait des études de droit. Il a appris que la procédure pénale n'a pas pour objet de séparer le bien du mal, mais de permettre à la justice de faire son œuvre tout en garantissant les libertés individuelles et en sauvegardant la présomption d'innocence.

Défendre, ce n'est pas mentir, mais mettre la procédure pénale au service de la vérité d'un homme. Défendre, ce n'est pas faire des bons de cabri en criant « *L'acquittement ! L'acquittement !* » dès lors que l'accusé nie les faits qui lui sont reprochés, mais persuader des magistrats professionnels et des jurés tirés au sort sur les listes électorales qu'à tout le moins il existe un doute sur sa culpabilité et que ce doute doit lui bénéficier, qu'il soit ou non sympathique.

Défendre, c'est aussi se battre pour que celui qui avoue son crime soit condamné à une peine juste : l'avocat est alors le barrage qui contient la vague du lynchage légal ou de la vengeance populiste.

Le bénéfice du doute marque, à mes yeux, la nécessaire frontière entre le bon sens et l'intime conviction. Parfois, tout semble indiquer qu'un homme est coupable : il a une sale tête, son alibi est fragile, les policiers sont persuadés qu'il a commis un crime — n'a-t-il pas, d'ailleurs, menti sur certains points pendant ses auditions, en garde à vue ? Et cependant, au fil des débats, les certitudes s'effilochent parce que la défense démontre qu'une preuve, c'est autre chose qu'un sentiment. On peut mentir en garde à vue sur l'accessoire sans pour autant mentir sur le principal, le mensonge n'a dans ce cas rien à voir avec le crime : un homme accusé à tort d'assassinat niera, par exemple, qu'il a une maîtresse, ignorant que la police peut prouver le contraire, mais uniquement pour que sa femme ne sache pas qu'il la trompe. Beaucoup d'innocents ont des alibis boiteux, tout simplement parce qu'ils sont innocents et qu'à ce titre ils n'ont pas besoin d'alibi, mais qu'il leur faut bien en proposer un à l'accusation, qui l'exige. Acquitter au bénéfice du doute, c'est prendre le risque de laisser un coupable en liberté plutôt que celui d'enfermer un innocent et, pour un avocat, c'est rendre courageusement la justice.

Le secret du délibéré protège, au demeurant, la conscience des juges. En France, contrairement aux États-Unis où l'unanimité est requise, il suffisait, jusqu'au 1er janvier 2012, de cinq voix sur douze en première instance, et de six sur quinze en appel, pour acquitter. Désormais, le nombre de jurés est passé de neuf à six en première instance, et de douze à neuf en appel. Plus, pour chacun de ces procès, les trois magistrats de la cour : le président et ses deux assesseurs. Or non seulement on ne connaît pas l'identité des jurés qui ont voté pour ou contre l'acquittement, mais lorsque le président rend le verdict, il n'indique jamais – il n'en a pas le droit – dans quelle proportion la cour et le jury ont tranché. Et il faut pour acquitter au moins quatre voix en première instance et cinq en appel. Si bien que lorsque je lis dans la presse que tel ou tel a été acquitté « au bénéfice du doute », je me dis que les journalistes ont encore à apprendre et que le grand public n'est pas correctement informé...

L'avocat ne doit pas mentir à la cour. Le mensonge, de toute façon, ne marche pas. Les jurés ne sont pas stupides, ils ne gobent pas n'importe quoi, les effets de manche ne les impressionnent plus depuis longtemps. Il faut de la sincérité pour défendre un homme qui, en France, a le droit de mentir. L'avocat doit croire suffisamment à ce qu'il soutient pour convaincre son auditoire. Lorsque le président de la cour d'assises explique aux jurés, avant qu'ils siègent pour la première fois, en quoi consiste leur rôle, il leur rappelle qu'ils ne doivent en aucun cas trahir leur sentiment personnel. Le plus souvent, les jurés appliquent à la lettre cette consigne d'impassibilité. Difficile, par conséquent, de mesurer l'effet d'une plaidoirie. En revanche, quand je vois une larme sourdre au coin de l'œil

15

du policier qui, depuis vingt ans, assure le service d'ordre aux assises, ou quand la greffière qui a, elle aussi, entendu mille plaidoiries, me fait un petit signe qui signifie « *vous avez été bon* » – il y en a une, à Douai, dont le jugement est excellent –, je peux espérer avoir touché les jurés.

Je ne suis pas en guerre contre l'État. La « défense de rupture[1] », théorisée par Jacques Vergès il y a une cinquantaine d'années, ne fait pas partie de ma panoplie. Avant tout parce que le profil de ceux qui font appel à moi ne cadre pas, généralement, avec cette stratégie qui consiste à retourner les charges contre l'institution dont l'avocat de la défense devient le pro-

---

1. La « défense de rupture », dont Mᵉ Jacques Vergès est l'un des plus brillants théoriciens et praticiens, consiste à retourner l'accusation contre l'institution. Elle transforme le prétoire en tribune politique et n'a pas pour objet d'obtenir une peine clémente, mais de susciter une révolte de l'opinion publique. Cette méthode ne convient pas, selon moi, aux affaires de droit commun. Elle ne convient plus aux dossiers de terrorisme, alors que Jacques Vergès n'avait pas d'autre choix quand il défendait les militants du FLN pendant la guerre d'Algérie, devant des tribunaux militaires.

cureur. La rupture peut convenir à Klaus Barbie, mais pas au premier assassin venu. Car dans le cas de Barbie, par exemple, on devine qu'au moment du verdict la peine la plus lourde sera prononcée : c'est d'autant moins une surprise pour l'accusé que cette sévérité extrême fait le jeu de sa défense, qui va instruire, à l'extérieur du prétoire, le procès du procès. Moi, je joue tout à l'audience. Je ne connais qu'elle, même si je n'ignore pas que la pression médiatique peut, éventuellement, m'aider. Mais je me méfie de cette idée selon laquelle l'avocat instrumentalise les journalistes : l'univers médiatique n'est pas le mien, je n'en contrôle pas les débordements, encore moins les dérives. Non, la presse ne fait pas les verdicts. Si c'était le cas, les treize innocents d'Outreau auraient été acquittés dès le procès de Saint-Omer, il n'aurait pas fallu un appel pour mettre un terme au scandale. Et puis le silence a, aussi, ses vertus. Quand j'ai défendu Jacques Viguier, cet universitaire toulousain accusé à tort du meurtre de son épouse, je me suis imposé un mutisme absolu en dehors du prétoire, alors que la demande des journalistes était permanente : Jacques Viguier a été acquitté tout de même.

J'aime passionnément mon métier. Sans grand mérite, d'ailleurs : on ne choisit pas le métier d'avocat pénaliste, on l'exerce parce qu'on ne saurait rien faire d'autre. Si on n'est pas fait pour lui, il vous le fait savoir très vite et vous congédie : le vrai patron, c'est le métier, pas l'homme.

J'ai envie de vous raconter les coulisses des procès où je suis intervenu, les coups bas comme les rencontres prodigieuses qui surviennent en marge d'une affaire. Je vous expliquerai comment, le temps de cette affaire, j'entre par effraction dans la vie de mon client et comment j'utilise ma vie pour le défendre du mieux que je peux. Vous verrez qu'il n'y a pas de monstres dans mon univers. N'ayez pas peur : laissez-moi vous emmener aux assises…

– 1 –

Trente ans

Il est 2 heures du matin, je suis épuisé, j'ai peur et je pue la sueur. La nuit épaissit l'angoisse qui précède le prononcé du verdict. Quand la cour et les jurés sont-ils partis délibérer ? Je ne m'en souviens pas mais c'était il y a trop longtemps. J'ai plaidé l'acquittement, je sens que je ne serai pas suivi – sinon, ils seraient déjà revenus l'annoncer.

Ce procès a duré trois jours. Pendant trois jours j'ai défendu un homme et, aujourd'hui, je n'ai plus d'énergie. Cette interminable attente de la sentence n'est pas un temps comme les autres : c'est un moment suspendu, une parenthèse de mystère durant laquelle se joue le destin d'un être. Quand l'horloge recommencera à tourner normalement, tout sera joué. Je déteste l'idée que pendant ces heures-là, je ne sers à rien. Souvent, je passe voir celui que je défends, détenu dans une geôle minuscule qui sent le malheur. Pas pour le « préparer » à affronter l'épreuve du verdict, ni pour lui remonter le moral : le mien est en général plus bas que le sien. Pour être auprès de lui quelques brefs instants, pendant qu'il est encore « présumé innocent ». Il y a, dans ce tête-à-tête, des moments surréalistes. Je me souviens d'un client – j'ai ce mot en horreur mais il n'y en a pas d'autre, j'y reviendrai – pour qui j'étais intervenu avec mon ami Jean-Yves Liénard. C'était aux assises du Pas-de-Calais, à Saint-Omer. Une affaire atroce. L'homme en question répondait du meurtre de sa mère, de son grand-père, et d'une tentative de meurtre sur son père. L'avocat général avait, logiquement, requis la réclusion criminelle à perpétuité. Je venais de terminer ma plaidoirie et j'étais encore ruisselant. Jean-Yves et moi entrons dans la cellule. L'homme, qui y avait été reconduit peu avant, était en train de déjeuner. Il nous montre son sandwich, furieux : « *Regardez, ils n'ont même pas mis de beurre !* » C'était à la fois grotesque et pathétique de voir un être humain incapable de trouver les mots convenant à la gravité de sa situation.

Cet homme qui ne savait pas parler s'est pendu quelques années plus tard.

Je viens d'aller dîner sans appétit dans la seule brasserie restée ouverte, j'ai bu deux bières dont l'amertume me colle à la bouche, j'ai trop fumé, je n'en peux plus, j'ai de plus en plus peur. Les assises constituent un monde à part, dont je connais parfaitement les codes mais dont la violence me sidère toujours. Le verdict va bientôt tomber, cela va durer quelques minutes sèches après les heures de débat au cours desquelles j'ai tout donné. Un premier signal ne trompe pas : les forces de l'ordre commencent à se mettre en place devant la cour d'assises et aux abords du palais de justice. L'huissier m'appelle sur mon portable dont il a noté le numéro au premier jour de l'audience, ainsi que celui de mes confrères et de l'avocat général, mon adversaire. Il enfile sa robe noire quand j'entre dans le prétoire qui, lui aussi, sent la sueur. Autrefois, une âcre odeur de fumée vous sautait au nez et à la gorge, car on détruisait dans un poêle les bulletins secrets remplis par les jurés. La justice sentait le papier brûlé, elle s'accompagne désormais du cliquetis de la broyeuse qui dévore les douze ou quinze bulletins qui ont scellé le sort d'un homme. Les verdicts n'ont plus d'odeur.

Ma robe est là, posée sur le banc de la défense, elle a veillé tout le temps du délibéré, c'est le moment de la mettre, je pense à celui dont je l'ai héritée, Alain Furbury, merveilleux avocat toulousain qui a joué un grand rôle dans ma vie professionnelle. Une espèce de frénésie s'empare du petit monde judiciaire, tandis que le maigre public – pas la foule, l'affaire n'a rien de sensationnel – et le journaliste de la feuille locale prennent place dans la salle. Quand tous les acteurs sont là, costumés et blêmes, la sonnerie retentit, l'huissier annonce : « *La cour !* » – j'aime bien les huissiers aboyeurs, ceux dont l'appel est si vigoureux qu'il vous réveille un prétoire comme un coup de feu au départ d'un sprint – et tout le monde se lève. Le verdict est prêt depuis une bonne demi-heure mais il faut que l'assistance soit présente pour le prononcer. Les jurés et les trois magistrats professionnels ont eu le temps de s'y habituer avant de nous le lancer au visage. L'accusé aussi a été ramené dans le box. Parfois, il ne supporte pas la pression : j'en ai vu tomber en syncope avant même de savoir ce que leurs juges avaient décidé. À Laon, un homme s'est suicidé en pleine cour, à peine condamné. Il avait comparu libre et, profitant d'un relâchement du service d'ordre à la fin du procès, était parvenu à introduire une arme dans le box.

On ne sait pas raconter la violence extrême
de cet instant où la foudre s'abat sur ce box,
prenant le nom de justice rendue au nom d'un
peuple français qui, en réalité, ne sait pas grand-
chose de sa justice et signe des chèques en blanc
à ceux qui la font passer.

Maintenant tout est prêt. La cour et le jury
sont assis. Moi, je ne regarde personne. Quand
on regarde ses juges, on comprend tout de suite.
Je baisse la tête, triture dans ma poche une
allumette ou un trousseau de clés. Le président
a demandé à l'accusé de se lever. Celui-ci va
peut-être passer le restant de ses jours derrière
les barreaux, mais il faut qu'il en soit informé
debout. Je fais partie des avocats qui se tiennent
également debout. C'était autrefois une règle
non écrite. Alain Furbury m'a expliqué que
c'était l'ultime geste qu'on pouvait avoir pour
défendre son client, au moment où l'on ne peut
plus rien dire pour lui.

J'attends la lecture, insupportable, des
articles du Code pénal sur lesquels se fonde le
verdict. Le président ne les lit pas dans leur
intégralité : il demande simplement si chacun
les tient pour lus et, en général, c'est le cas. Je
me souviens pourtant d'un soir de verdict par-

ticulièrement tendu, à Douai. Plusieurs gamins comparaissaient pour avoir jeté des pierres sur des automobilistes, il y avait eu des morts, une affaire idiote et tragique. Le procès avait été pour moi une succession d'escarmouches avec l'accusation, et surtout avec le président, qui se comportait, de mon point de vue, de manière déloyale. La cour est revenue rendre son verdict. C'était avant que l'appel n'existe aux assises, dans les années 1990. « *Tenus pour lus ?* » a demandé le magistrat. « *Non* », ai-je répliqué, le contraignant à ânonner une dizaine d'articles du Code pénal. Excédé, il s'est saisi du volume rouge placé devant lui, et a commencé : « *Le meurtre aggravé est puni de la peine de mort...* » Extraordinaire ! Le Code datait d'avant l'abolition, il était obsolète, j'ai déposé des conclusions pour un pourvoi en cassation – une aubaine inespérée.

Les jurés n'ont pas à motiver leur décision. L'article 353 du Code de procédure pénale, l'un des plus beaux textes de droit qui ait jamais été écrit, est ainsi rédigé : « *La loi ne demande pas compte aux juges des moyens par lesquels ils se sont convaincus, elle ne leur prescrit pas de règles desquelles ils doivent faire particulièrement dépendre la plénitude et la suffisance d'une preuve ; elle leur prescrit de s'interroger eux-mêmes dans le silence et le recueillement et de chercher, dans la sincérité de leur conscience, quelle impression ont faite, sur leur raison, les preuves rapportées contre l'accusé, et les moyens de sa défense. La loi ne leur fait que cette seule question, qui renferme toute la mesure de leurs devoirs :* "Avez-vous une intime conviction ?" »

Pendant le délibéré, la cour et le jury répondent à des questions, leurs réponses positives scellent la culpabilité de l'accusé. Il suffit d'un « non » à la question portant sur la culpabilité pour que les autres soient sans objet. Un petit « non », et l'acquittement est inéluctable. Cela, les professionnels le savent, de sorte que nous comprenons avant le public, et souvent avant l'accusé, sauf si c'est un habitué, la teneur de la sentence. La justice, barricadée dans sa langue complexe, propose une approche tarabiscotée de l'innocence ou de la culpabilité. Rassurés par l'entre-soi de leur petit monde, les magistrats qui la rendent au nom du peuple ne s'étonnent même pas d'offrir en premier leur verdict aux initiés, et non aux profanes directement concernés – l'accusé et la partie civile. Un jour, à Mont-de-Marsan, je plaide pour un gitan avec mon ami toulousain Simon Cohen. La cour et les jurés reviennent et le président annonce qu'ils ont répondu « non » à la première question, relative à la culpabilité – c'est ainsi que la loi est formulée. Cela signifie que mon client est acquitté, mais sa mère, heurtée par la brutalité d'un mot généralement synonyme de refus, comprend l'inverse et s'évanouit. Le président attendra qu'elle reprenne ses esprits pour annoncer de manière intelligible que, dans une poignée de secondes, cette femme qui attendait à tort que la cour lui dise « oui » serrerait son fils contre son cœur.

Il est 2 h 5 du matin, le procès va s'achever dans quelques instants. Je suis debout, je tremble de peur, le président lit, ton neutre, débit rapide : « *À la question numéro un, il a été répondu oui à la majorité de huit voix au moins. À la question numéro deux…* » Je n'écoute plus : l'homme que j'ai défendu pendant trois jours va être condamné, mais l'attente intolérable se prolonge car, maintenant, il faut connaître la peine. « *En conséquence, la cour et le jury condamnent X… à la peine de trente ans de réclusion criminelle. L'audience criminelle est levée.* »

Trente ans. L'homme du box, hébété, tend ses poignets d'un geste machinal à l'escorte qui va le conduire, à travers le dédale secret du palais, jusqu'au fourgon qui le déposera aux portes de son cachot. Debout, intérieurement, je maudis mes juges — un vieil adage y autorise l'avocat, pourvu que cela ne dure qu'une journée. J'ai le sentiment d'avoir été totalement inutile. C'est faux, je le sais au fond de moi. Alors je m'en prends à ceux qui ne m'ont pas écouté, qui n'ont pas obéi à mon verbe. Quand la peine est tombée, on déteste ses juges mais, en réalité, on se déteste soi-même de n'avoir pas su les convaincre. Même dans le plus mauvais des dossiers, on finit par croire qu'on peut gagner un peu, pas tout, pas l'acquittement, mais une peine plus douce. La douleur est encore plus cuisante de se dire qu'on a moins produit de défense que d'assistanat.

L'accusé a besoin d'être défendu pour avoir, *in fine*, le sentiment d'avoir été jugé. Sauf dans le cas des récidivistes, accusés professionnels, le procès représente souvent pour l'homme que je défends l'occasion d'entendre dire, pour la première fois de sa vie, du bien de lui-même. Qui n'a jamais affirmé publiquement que le manœuvre qui a tué d'un coup de marteau son contremaître injuste était aussi un père aimant ? Qui a dit que l'agriculteur qui a tué son voisin avec son fusil de chasse parce qu'il était l'amant de sa femme avait un jour sauvé la vie d'une touriste en passe de se noyer dans l'étang du village ? Le procès met à nu l'accusé. Dans le box, ce n'est pas un homme qui se tient, mais un écorché. Ce qu'il mange, ce qu'il boit, ce qu'il fume, comment il fait l'amour, ce qu'il regarde à la télévision, les sites qu'il visite sur Internet, tout est livré aux jurés. Les cours d'assises font leur miel de ces misérables tas de secrets. Pour l'accusation, l'accusé mange mal, boit trop, fume illégal, fornique comme un pervers, regarde des programmes cryptés, navigue dans les bas-fonds du Web. L'avocat est là pour rétablir un équilibre, rhabiller son client ou rendre un peu moins laide sa nudité. Il interpose sa robe entre un homme dont on dira forcément qu'il a « la gueule de l'emploi » et les jurés. Rares sont les êtres dont on ne peut dire aucun bien ; nombreux sont ceux qui ne connaissent d'eux-mêmes que leur face la plus noire.

J'ai, plus d'une fois, pensé qu'en entendant se plaindre, jadis, le matricide de Saint-Omer, plus d'un professionnel de la justice, avocat ou magistrat, aurait conclu qu'un assassin qui se lamente de ne pas avoir de beurre dans son sandwich n'a aucune conscience et mérite amplement son sort judiciaire.

Alors voilà, ça y est, mon client a pris trente ans. Ce n'est pas la première fois mais je ne m'y habitue pas. L'usage veut qu'une fois le procès terminé, les avocats aillent saluer le président et ses assesseurs, ainsi que le représentant du ministère public. Je suis de ceux qui pensent que, dans 99 % des cas, c'est le président qui décide de l'issue du délibéré. Si, pendant trois jours, je ne l'ai vu poser que des questions à charge ou indiquer, plus ou moins subtilement, par ses attitudes, quelle est son intime conviction, personne ne me fera croire que ce sont les jurés qui ont librement décidé de condamner.

*
* *

C'était à Laon. Je défendais un mineur accusé d'avoir poussé un jeune homme du haut d'une falaise, dans la Somme. L'affaire avait été « dépaysée », c'est-à-dire jugée dans une juridiction plus éloignée du lieu où les faits avaient été commis, à la suite d'émeutes dans les quartiers populaires d'Amiens. Il n'était pas irréaliste de viser l'acquittement, car l'accusation avait varié tout au long de la procédure. En début de semaine, le président me prend à part et me glisse, d'un air entendu, que si mon client

29

est acquitté, il me fera protéger par la police. Il ne peut ignorer que l'avocat de la défense guette le moindre signe de la cour, et celui-ci est clair : la porte que je rêve de forcer est entre-bâillée… Le procès se déroule convenablement. J'ai constamment en tête cette sorte de promesse du président. Alors que l'avocat général vient de requérir quinze ans de réclusion, le président me prend de nouveau à part et chuchote : « *J'ai eu honte.* » Je plaide, gonflé d'espoir. Le délibéré est bref. La peine : douze ans. Avec le sentiment insupportable d'avoir été trahi, j'interpelle le président : « *Et là, vous n'avez pas honte ?* »

Après l'audience pénale, se tient l'audience civile, destinée à fixer le montant des dommages et intérêts. Il n'y a plus de jurés et, généralement, plus de public. Cette fois-là, c'était un samedi à 4 heures du matin – cela se produit de moins en moins souvent, la Cour européenne des droits de l'homme n'appréciant guère les délibérations nocturnes où l'épuisement des jurés détermine leur intime conviction. Le président, ayant oublié que l'accusé étant mineur les débats se tenaient à huis clos, n'avait pas pris garde à la présence d'une journaliste. Je m'en suis fait donner acte, puis j'ai formé un

30

pourvoi en cassation. Le procès de Laon a été cassé. Le gamin a été acquitté à Saint-Omer.

Certains présidents mettent le feu aux débats et, par la suite, essayent de faire croire qu'ils ont joué les pompiers au délibéré mais que la souveraineté populaire a franchi toutes les bornes, dans un élan sécuritaire irrépressible. C'est la raison pour laquelle je ne me plie pas systématiquement à l'usage : je ne vais pas saluer ces juges-là pour ne pas avoir à leur dire de gros mots. D'autant que certains présidents, croyant peut-être vous rasséréner, vous humilient. À ceux qui me disaient, d'un air désolé, « *Maître, vous avez bien plaidé* », j'avais pris l'habitude de répondre : « *Vous, vous avez mal jugé.* » Maintenant, quand j'ai l'intuition que je vais entendre une phrase comme celle-là, je roule ma robe en boule sous mon bras, prends mes dossiers, et quitte ces maudites assises. Je suis toujours épuisé, je pue toujours la sueur, et j'ai la rage au ventre.

Les soirs d'acquittement, c'est l'euphorie. Le monde m'appartient. Je m'émerveille de sa beauté magnifiée par ma victoire – cela ne dure pas longtemps. Les soirs de condamnation, je refais le procès, seul dans ma chambre d'hôtel ou dans ma voiture. Je me demande ce qui n'a pas marché. Je me dis qu'un singe bègue en robe n'aurait pas fait pire. Que la défense n'est qu'un alibi dans la chronique d'une condamnation annoncée. J'ai peur d'avoir mal fait mon métier, mais plus encore de l'avoir bien fait et que cela n'ait servi à rien. J'ai vécu ces minutes terribles, pendant lesquelles j'étais le seul interlocuteur de la mère, du frère, de la femme, des enfants de l'homme que j'avais, apparemment, si mal défendu. Et leurs larmes a la même amertume que celles des victimes parties civiles. L'avocat qui dit, comme son client, « *j'ai été condamné* », n'est plus que le trait d'union entre le malheur d'une famille et la cour d'assises qui s'est déjà éparpillée.

*

* *

La sentence prononcée, je m'en vais. L'après-verdict, c'est aussi la pause dans une station-service, le sandwich au thon et le Coca-Cola même pas *light* parce que dans des moments pareils on se fiche pas mal de ce qu'on avale. Ma vie ressemble à celle d'un artiste de variétés qui se produit dans les préfectures, au fil des galas plus ou moins relevés. Le public est souvent clairsemé. Les affaires ne présentent pas toujours un intérêt considérable. Ceux que je défends sont des gens ordinaires qu'on accuse d'avoir commis un geste extraordinaire. J'arrive dans des villes dont je ne connais que les alentours du palais de justice, pose ma valise dans un hôtel, déplie ma robe noire. Ma chambre me sert de bureau, l'espace d'une audience. Quand c'est fini, je remballe et repars pour une autre préfecture. Cette vie-là, je l'ai choisie, je l'aime et elle me tue à petit feu. J'ai mal et peut-être est-ce ce que j'aime avoir mal. Beaucoup m'imaginent sans doute dans une voiture avec chauffeur, descendant dans des palaces aux frais de mes clients, fréquentant la bonne société locale... Mais mes clients sont, la plupart du temps, fauchés comme les blés, la bonne société se méfie des types comme moi et, de toute façon, je préfère les bars tabac usés, leur comptoir décati et leur faune alcoolisée à tous les salons bourgeois. J'habite à la campagne, près de Lille. Dans mon village, je parle à moitié ch'ti au café où j'ai mes habitudes.

Je réfléchis, indéfiniment, à la violence de l'univers qui est le mien. Violence de l'accusé, qui remplit le moindre interstice de la cour d'assises, qui sent la peur, le sang, l'urine. Violence de celui qui a violé un enfant, tué un policier ou l'amant de sa femme. Mais il en existe une autre, dont on parle peu : une violence parfaitement policée, qui porte les habits endimanchés de la vengeance – la violence judiciaire, qui provoque la condamnation à vingt ans d'un homme qui en mérite dix. Violence de la relativité, aussi : on a condamné, de ce côté des Alpes, des hommes à quatorze ans pour un vol d'or en Suisse. Or un Français jugé là-bas pour le même délit avait écopé de huit ans. Pour les mêmes faits, le quantum maximum est de dix ans en Suisse pour « *brigandage* », et de trente en France pour vol à main armée.

J'ai le souvenir d'un homme que je défendais en appel, à Reims. Il avait été condamné à quinze ans en première instance à Troyes, autre juridiction du ressort de la même cour d'appel, pour avoir mortellement maltraité un enfant (on parle familièrement dans ces cas-là de « bébés secoués »). Ces affaires sont très particulières. La maltraitance des enfants est, bien sûr, intolérable. Mais les parents qui se rendent coupables de tels actes ne sont pas des criminels comme les autres : ils n'agissent pas par perversité, ne tirent aucun plaisir de leurs actes. Ce sont souvent des adultes si peu adultes qu'ils se laissent déborder par les pleurs d'un bébé qu'ils tuent pour avoir voulu le faire taire.

J'arrive à Reims et des confrères me chuchotent que le président, qui vient de prendre son poste, a doublé pratiquement toutes les peines examinées en appel. Et je prends trente ans. Les réflexions sont alors vertigineuses : si cet homme avait d'abord été jugé à Reims, puis à Troyes, sa peine aurait été réduite de moitié. J'ai plaidé dans plusieurs affaires de « bébés secoués » ; les peines sont en général bien plus légères que ces trente années de réclusion criminelle, pour la raison que j'évoquais plus haut. J'imagine ce que le condamné de Reims et mes autres clients pourraient se dire, s'ils se croisaient en promenade, dans une même cour de prison...

Tout ce qui va au-delà de la peine juste provoque une souffrance inutile. Quand un avocat prête serment, il jure d'exercer sa profession « *avec dignité, conscience, indépendance, probité et humanité* ». Le mot « *humanité* » ne figure pas dans le serment des magistrats (« *Je jure de me comporter en tout comme un digne et loyal magistrat intègre, libre, impartial, respectueux de la loi, des droits de toutes les parties et du secret professionnel* ») : pourquoi ?

– 2 –

Clients

Je déteste le mot « client ». Je l'emploie le moins possible. Jamais je ne parle à l'audience de celui ou de celle que j'assiste en utilisant ce terme. Certes, son acception ancienne, désignant une personne qui se met sous la protection d'une autre, ne me déplaît pas, mais elle n'est plus employée de nos jours. Un avocat n'est pas un commerçant, il n'a rien à vendre et, donc, pas de client. Il se tient devant un homme ou une femme qu'il défend, c'est tout. Les rapports entre celui qui porte la robe et celui qui supporte l'accusation ne sont pas simples. On demande beaucoup à son avocat : une présence assidue en maison d'arrêt, des actes juridiques, une connivence, un soutien moral, des services, parfois, qu'il ne peut pas rendre.

C'est souvent la famille qu'on rencontre en

premier. Le fils ou le frère est détenu, accusé de faits graves, et la mère, le père, un frère ou une sœur sont assis dans mon cabinet. Ils sont convaincus de l'innocence de celui qu'ils aiment et attendent tout de moi. À cet instant, le rapport est de l'ordre du magique ; l'avocat est sorcier, entremetteur, il connaît la prison et les moyens d'en sortir. Pour les familles en détresse, c'est plus qu'un professionnel : un personnage omnipotent, détenteur de codes et de pouvoirs obscurs, comme le Me Jaggers inventé par Dickens dans *Les Grandes Espérances*. Je ne me laisse jamais aller à la moindre promesse, mais le fait que ces familles acceptent de payer les honoraires que je leur réclame leur donne – croient-elles souvent – tous les droits, comme si j'entrais à leur service pour avoir accepté leurs gages. Je n'aime pas dire « mes clients », mais je n'accepte pas d'être considéré comme un valet de chambre criminelle. Les honoraires sont libres. Ils font l'objet d'un débat avec le client ou son représentant, et il est fortement conseillé de signer une convention sur ce sujet – je ne l'ai presque jamais fait. La somme dépend de la difficulté du dossier, de la durée de l'audience, des moyens du client : je ne défends pas le millionnaire au tarif du malheureux. Je suis, pour ma part, très attaché au principe d'un honoraire de résultat, en cas de succès au procès : c'est le seul argent que les clients sont heureux de verser. Ils savent en général, surtout ceux qui appartiennent à la voyoucratie, combien facture tel ou tel avocat. De sorte que quand j'annonce mes prétentions, ils sont rarement surpris.

Quand j'étais tout jeune avocat, j'avais reçu une brave dame qui me demandait de prendre en charge les intérêts de son fils. Il était détenu et mis en cause dans une affaire de braquage assez sérieuse. J'explique à mon interlocutrice que je vais avoir besoin d'une provision. Elle me demande de quel montant. Je lui dis : « *5 000 francs* » (760 euros environ). Sans sourciller, elle sort de son sac à main un de ces grands porte-monnaie d'autrefois, en simili-cuir noir, avec un fermoir métallique, et pose sur mon bureau un billet de 50 francs, soit 5000 anciens francs. Je suis parti pour la première fois aux assises avec une avance de 7,60 euros.

Quels que soient les honoraires qu'ils versent, les clients exigent un bon résultat, quand ce n'est pas un miracle. Je me souviens d'un dossier dans lequel, alors très peu expérimenté, je m'étais battu comme un chien. Mais j'avais obtenu un très mauvais résultat. La famille de celui pour qui j'intervenais a sombré dans une sorte de crise de nerfs collective et s'est mise à

me traiter de tous les noms. J'étais complètement pris de court par ces reproches, et abso-
lument démoralisé. Un confrère, qui est pour
moi un modèle, Jean-Louis Pelletier – il plaidait
aussi dans le dossier et avait tout vu –, m'a
téléphoné quelques heures plus tard, avec des
mots très gentils qui m'ont réconforté. Un autre
jour, je défendais un homme qui avait violé et
torturé sa fille avec une machine conçue par lui.
Un dossier très, très difficile… Il a été
condamné à dix-huit ans de réclusion et, immédiatement, m'a pris à partie : « *Vous ne m'avez
pas défendu !* » J'étais effondré. J'ai appelé
Michel Konitz, un confrère dont je suis très
proche. À travers une question, brutale, il a
parfaitement décrit la relation très particulière
entre l'avocat et un certain type de client : « *Tu
es une truffe ! Pourquoi respecterait-il son avocat
alors qu'il n'a pas respecté sa fille ?* »

Contrairement à une idée reçue, l'avocat n'est
pas le béni-oui-oui de celui qu'il défend. Ou
alors il devient son complice en robe noire et
ne le sert en rien. Entre ce que me dit mon
client et ce que j'en retiens, il existe un filtre
– celui de ma rationalité. Pas de morale entre
nous. S'il me jure qu'il n'est pas coupable et

qu'au regard du dossier je considère que sa version des faits n'est pas crédible, et donc l'expose à une peine possiblement plus élevée que celle qu'il est raisonnable de viser, je le lui dis. Je ne m'écrie pas : « *Ce n'est pas bien* », mais « *Personne ne vous croira* ». Je défendais un jour un braqueur, dans le sud de la France. Il avait commencé par m'affirmer qu'il était innocent et que les photos prises par le système de surveillance des banques le démontraient. Je suis allé consulter le dossier chez le juge d'instruction qui, une fois n'est pas coutume, m'a accueilli des plus chaleureusement. J'ai vite compris pourquoi quand il m'a présenté l'album en me demandant, avec un sourire jusqu'aux oreilles : « *Vous reconnaissez votre client, Maître ?* » Parce que j'ai de la boutique, j'ai répondu : « *Pas du tout.* » Puis je suis retourné au parloir pour expliquer ainsi la situation à l'intéressé : « *Vous serez acquitté à la condition exclusive qu'il y ait cinq jurés aveugles* » (cinq voix sur douze suffisaient en effet, à l'époque, pour obtenir un acquittement). Cela l'a fait rire et il a changé de système de défense. Sinon, je ne serais pas allé nous ridiculiser tous les deux aux assises. Même si la bêtise extrême permet, dans de très rares cas, d'obtenir ce que le Code pénal appelait autrefois les « *circonstances atténuantes* ». Parmi celles-ci se glisse parfois l'indigence de la défense : les jurés peuvent se montrer un tout petit peu moins sévères avec un accusé s'ils estiment que sa défense s'est montrée trop stupide, mais il serait suicidaire de jouer cette carte incertaine... Je me souviens aussi d'un autre braqueur dont j'avais obtenu l'acquittement alors qu'il avait reconnu sa culpabilité lors de mes premières visites en prison. À l'audience, il avait nié farouchement... Il y a tout de même une morale à cette histoire : ce client avait vu le couperet passer tellement près qu'il est complètement sorti de la délinquance.

*
* *

Le premier entretien avec un client se passe rarement mal quand il cherche un défenseur. En partie civile[1], c'est une autre affaire. Surtout quand la victime exige que son conseil demande à la cour la peine maximale prévue par la loi.

---

1. La partie civile est représentée par tous ceux qui se considèrent comme victimes et demandent réparation. Celle-ci passe, le cas échéant, par des dommages et intérêts alloués par la cour au terme d'une brève audience dite « civile », après la condamnation pénale de l'accusé.

Je n'interviens pas souvent de ce côté-là de la barre mais cela m'arrive car j'estime légitime de porter la parole douloureuse de la victime. Je dois être en accord total avec ceux qui font appel à moi, et il y a certaines choses que je m'interdis de faire, contrairement à certains confrères qui se laissent happer par le triste populisme judiciaire ambiant. Les victimes ont tellement entendu, dans la bouche des responsables politiques de gauche ou de droite, qu'elles avaient tous les droits, que la justice leur devait tout, que le procès était organisé à leur intention, qu'elles ont fini par le croire. De sorte qu'il leur arrive d'exiger de leurs avocats qu'ils se comportent comme des procureurs de droit privé, demandant la peine maximale – ce qui n'est pas le rôle de la partie civile – et s'acharnant sur le box.

On peut aussi défendre quelqu'un qu'on n'a jamais vu. Je n'ai, hélas, plus toujours le temps d'aller en prison visiter tous ceux qui me confient leurs intérêts. Mes collaborateurs s'en chargent, préparent le dossier et me le remettent, je prends ma voiture et découvre physiquement l'intéressé au tout dernier moment. Mais je le connais tout de même : j'ai en général

reçu un ou plusieurs de ses proches qui m'ont
parlé de lui, la lecture des procès-verbaux permettant de parfaire l'approche humaine. Rien
ne vaut le contact authentique, de toute évidence, et j'aimerais pouvoir échanger longuement, les yeux dans les yeux, avec chacun de
mes clients. Quoique la rencontre, au parloir,
d'un homme stressé par la détention et effrayé
par l'échéance du procès ne soit pas forcément
plus productive que l'étude approfondie du dossier. Je sais que certains me reprochent d'accepter trop d'affaires. Ils m'accorderont que la
plupart sont peu médiatiques et médiocrement
rémunératrices. Si je les prends, c'est parce que
je suis porté par l'envie de défendre le plus
grand nombre possible de ceux qui me font
l'honneur de me confier leurs intérêts.

Un jour, c'était à Chalon-sur-Saône, aux
assises de la Saône-et-Loire. Je défendais en
appel un homme que je n'avais jamais vu de ma
vie et qui avait été condamné à vingt ans de
réclusion à Dijon. Le procès commençait un
mercredi à 9 heures, je suis sorti de sa vie le
vendredi à 19 h 20. Je l'ai reconnu car il était
le seul, dans le box, à ne pas porter d'uniforme
bleu marine. Mon inconnu a été acquitté sous
les huées des parties civiles, nous avons dû quitter le palais de justice en passant par des couloirs

dérobés et l'ancienne prison. Je n'avais jamais vu cet homme, mais un lien s'était tissé entre nous, à travers ce que m'en avait dit mon collaborateur, grâce également à ce que sa mère, que j'avais reçue, m'avait confié sur lui.

Pour être honnête, il y a des clients qu'il faut rencontrer en personne. Pas seulement, comme le prétendent les détracteurs du barreau, les délinquants « professionnels ». Mais aussi d'autres, qui n'iront aux assises qu'une fois dans leur vie et dont il est impératif de saisir les mécanismes psychologiques. Qu'ils soient coupables ou innocents m'indiffère. Je ne le leur demande jamais. La question qu'on me pose régulièrement – « *Mais comment pouvez-vous donc défendre un assassin ?* » – n'a aucun sens. Primo : nous autres, pénalistes, ne faisons pas de morale, mais du droit ; reprocherait-on par exemple à un chirurgien d'opérer un malade du foie pour lui sauver la vie, au motif que s'il est mourant c'est parce qu'il buvait trop ? Pour l'avocat, c'est la même logique : sa robe est au service de celui qui la demande, à condition qu'il ne me demande pas de plaider une absurdité. Secundo : beaucoup d'accusés reconnaissent avoir commis le crime dont ils répondent, il ne s'agit pas d'entonner le grand air de l'acquittement en dépit du bon sens. Tertio : si personne ne défend les assassins, il n'y a plus de justice, seulement une vengeance légale.

Les vrais innocents n'ont pas toujours grand-chose à dire, à part qu'ils sont innocents. J'ai défendu un agriculteur de l'Avesnois, accusé d'avoir tué sa femme. Chaque fois que j'allais le visiter au parloir, j'étais surpris par son calme, au point de traquer dans le dossier, et dans ses attitudes, les indices de sa possible culpabilité, les preuves qui faisaient défaut dans la masse des procès-verbaux. On attend instinctivement de l'innocent qu'il se comporte conformément à l'image que l'on se fait d'un innocent : un homme qui hurle sa détresse d'être injustement soupçonné. Un malheureux qui pleure en se frappant la poitrine mais qui se montre d'une déférence exemplaire vis-à-vis de la cour et de l'avocat général – pardi, il n'a rien à craindre de la justice en marche ! Dans ce tableau, les taciturnes, les mornes, les contemplatifs et les optimistes résolus n'ont pas leur place. J'ai fini par demander à cet agriculteur si calme pourquoi il se comportait ainsi. Il m'a fixé du regard et m'a répondu : « *Parce que je suis comme ça.* »

À cet instant, je me suis senti nul de chercher à relier une culpabilité à une attitude. Les innocents se défendent souvent plus mal que les coupables. D'abord parce que les coupables ont une longueur d'avance : ils connaissent la réalité des faits et, dès lors, sont potentiellement capables de la contourner ou de la dissimuler. L'innocent, qui se sait injustement renvoyé devant les assises, sent que le moindre mot, le moindre clignement d'yeux peut être interprété à son détriment. La peur de l'innocent est plus grande que celle du coupable.

L'éclairage judiciaire, au demeurant, ne change pas la nature des êtres : les taiseux restent taiseux jusque dans le box, les bavards vous saoulent de paroles depuis la garde à vue jusqu'au verdict. Le problème, c'est que le système interprète tout à charge. Il fut, entre autres, reproché à Dreyfus de n'avoir jamais déposé de demande de mise en liberté. L'accusé se tait ? C'est qu'il a des choses à cacher. Il ne hurle pas son innocence ? Il est coupable. Il a menti une fois ? Il n'a jamais dit la vérité. Il reconnaît le crime et le regrette ? C'est un hypocrite. Il nie avec véhémence ? Il se moque de la douleur des victimes. Il a l'air intelligent ? C'est un pervers machiavélique. Il semble idiot ? C'est une brute, un fauve. Il peut d'ailleurs être

les deux dans une procédure. C'est le cas, parmi
des dizaines d'autres que j'ai eu à connaître, de
Jean-Pierre Treiber. Cet homme était accusé
d'avoir tué la fille du comédien Roland Giraud,
ainsi qu'une amie à elle. Au gré de leurs
intérêts, les enquêteurs l'ont présenté tour à
tour comme un homme des bois à la limite de
la débilité et comme un individu supérieure-
ment intelligent, capable de rouler la police
dans la farine. Il s'est suicidé, de sorte qu'on ne
connaîtra jamais la vérité sur lui, ni sur les actes
qui lui étaient prêtés et qu'il a toujours réfutés.
Pourtant, son geste a été interprété : pour la
partie civile, le suicide de Jean-Pierre Treiber
constitue, forcément, un aveu de culpabilité.
C'est faux. Le suicide d'un homme accusé d'un
crime prouve une seule chose : il ne supporte
pas d'être accusé.

On peut défendre quelqu'un qu'on trouve
désespérément antipathique. Et il y a des gens
un peu dérangés auxquels on s'attache. Comme
Mme V. qui, à une époque, venait me voir tous
les deux mois environ. Elle était certaine qu'en
son absence, un individu entrait chez elle sans
effraction et fouillait dans ses affaires sans laisser
aucune trace. Elle le connaissait puisqu'elle me

livrait son identité – en réalité, le nom d'une agence immobilière très connue dans la région lilloise. À la fin de l'entretien, elle se levait et me saluait par ces mots : « *Merci docteur.* » J'aimais beaucoup Mme V.

On plaide aussi bien pour un triste sire que pour un brave gars. Cela dit, il y a tout de même des limites à la grandeur d'âme de l'avocat : je me rappelle un vieux beau qui était venu me trouver avec sa femme. Il m'avait présenté son affaire comme sans importance, se disant totalement innocent et se déclarant scandalisé par la manière trop laxiste dont, selon lui, on traitait « *les bougnoules* ». Je l'ai viré en prétendant que ma mère était algérienne... Un autre jour, une femme entre dans mon cabinet. J'allume une cigarette et elle me dit : « *Vous savez qu'il est interdit de fumer dans les lieux recevant du public ?* » Comme elle avait raison, je l'ai invitée à aller consulter un confrère non fumeur... Il y a également ces clients qui vous promettent la lune, vous font miroiter des honoraires astronomiques, une générosité inépuisable – mais qui, au moment de verser une modeste provision, vous font comprendre qu'ils sont sur la paille. Ou ceux qui, confortés par leurs proches, pleurnichent dans votre cabinet en affirmant qu'ils ne peuvent pas payer d'honoraires et qui le lendemain, chez le juge, sont prêts à verser 50 000 euros de caution sur-le-champ. D'autres harcèlent le cabinet, téléphonent sans relâche, insultent les secrétaires, se plaignent à elles de mes services, mais, une fois devant moi, se font tout miel…

À l'inverse, j'ai aussi rencontré des gens d'une extraordinaire générosité, très attachants. Une dame m'a tricoté un dessus-de-lit. J'ai reçu dernièrement, d'un client qui connaît ma passion des rapaces, une peinture sur carton réalisée par lui et représentant un faucon coiffé de son chaperon. Un autre m'avait rapporté à Noël un assortiment de fromages corses qui empestait la salle d'attente. Certains, incarcérés, confectionnent des cartes de vœux et me les envoient avec un mot gentil.

La clientèle d'un avocat est d'une folle hétérogénéité : riches, pauvres, auvergnats et arabes, chefs d'entreprise ou hommes de peine, érudits ou imbéciles, tous égaux dans la salle d'attente, représentants des situations à la fois extraordinaires et, dans le fond, banalement ordinaires. J'ai défendu un prince saoudien et des dizaines de miséreux, des gendarmes et des voleurs, des juges et des assassins. C'est pour cela, aussi, que j'aime mon métier au-delà du raisonnable. À défaut d'empathie – mais il est rare que ce sentiment soit totalement absent –, il se crée une forme de compréhension entre l'avocat et celui qu'il assiste. C'est la raison pour laquelle l'avocat trouve parfois une explication au geste de celui-ci, quand bien même il le conteste. Les mécanismes qui poussent un être à commettre un acte affreux, voire atroce, sont les plus humains des mécanismes, sauf qu'ils sont poussés à leur paroxysme, jusqu'à l'absurde. Comme l'a écrit le grand Henri Leclerc, l'un de ceux qui ont ouvert la voie à des générations d'avocats, il n'y a pas que des salauds en prison.

– 3 –

Victimes

Il m'arrive de m'asseoir sur le banc de la partie civile pour assister les victimes. Celles-ci ont le droit d'être assistées au procès pénal. Mais je pose alors des conditions très strictes. Je ne me transforme pas en procureur de droit privé, ni ne cherche la peine maximale. Un avocat reste avocat même quand il porte la parole de celui qui souffre depuis qu'un crime a été commis. Je peux par exemple me réjouir d'un acquittement quand je suis de l'autre côté de la barre et, dans mon esprit, cela n'a rien de paradoxal. L'avocat des parties civiles a pour mission d'exprimer leur douleur, de les apaiser – non pas d'attiser leur haine. Jamais je ne méprise la partie civile : mon ennemi, quand je suis en défense, c'est l'avocat général, parfois le président, en aucun cas la victime. Je comprends qu'elle puisse ressentir de la haine à l'égard de l'accusé, mais je n'accepte pas que son conseil ou l'institution l'y encourage.

Je ne supporte pas la victimisation triomphante qui promet tout et n'importe quoi aux parties civiles, à commencer par la possibilité de « *faire leur deuil* » aux assises. C'est une escroquerie morale : le procès n'est pas dû aux victimes mais à l'accusé, pour qu'il puisse se défendre. S'il apaise les parties civiles, tant mieux, mais ce n'est pas son but initial. On ne fait pas son deuil devant tout le monde, en écoutant le récit d'un crime qui vous révulse parce qu'il a été commis sur une personne aimée, ou en subissant les cris de protestation d'un individu que les enquêteurs et le parquet vous ont présenté comme le coupable. Un procès reste une épreuve extrêmement lourde à supporter, pour tous ses protagonistes. Je déteste une formule qu'on entend à longueur de plaidoirie et qui sort de la bouche de certains de mes confrères qui font commerce du malheur des autres : « *Si vous ne condamnez pas lourdement, mon client ne sera pas reconnu dans sa qualité de victime.* » Ce chantage judiciaire est abject, qui prend les jurés en otages et leur fait croire qu'une condamnation peut faire plaisir. De même, ces avocats d'associations qui défendent des enfants abusés qu'ils ne connaissent pas répètent en boucle que ces malheureux sont condamnés à perpétuité à ne pas avoir de sexualité normale, alors que l'humanité commanderait qu'ils exposent à l'audience – pour que les enfants les entendent – que même si c'est difficile, il existe toujours une résilience.

C'était à Aix-en-Provence, douze ans après les faits. Je suis en défense pour un homme qui reconnaissait avoir participé au « saucissonnage » d'une famille, pendant que le père était conduit de force à son coffre par un complice. Je vois arriver les victimes à l'audience. Une psychologue tenait la main de l'épouse, aux frais de la société. L'avocat de la partie civile annonce que l'enfant, âgé de quelques mois au moment des faits dont il n'avait rien vu, est lui aussi traumatisé. J'ai expliqué aux jurés quelque chose de très difficile car, c'est tout naturel, leur cœur bat pour les plaignants. Je leur ai dit que si les accusés sont bien évidemment responsables d'une partie importante de la souffrance des victimes, terrorisées pendant plusieurs heures, la société tout entière est responsable du maintien de ces gens dans leur malheur. En hissant les victimes sur un piédestal, en leur promettant de mettre à leur service un système judiciaire qui n'est pas fait pour cela – châtier des coupables, ce n'est pas la même chose que consoler leurs victimes –, en dénigrant les décisions de justice qui ne vont pas dans le sens du tout-répressif, on encourage les gens qui souffrent à se contenter d'exister en tant que victimes. Et ce n'est pas sain.

*
* *

À force de se servir des victimes à des fins électorales, avec l'appui des médias, on a créé une nouvelle catégorie sociologique : la Victime. Elle a le monopole du cœur, de la souffrance, de la dignité. Or, quand on incite les victimes à se regrouper entre elles, leur souffrance partagée finit par leur procurer une forme de confort au détriment de la guérison de leur traumatisme. Exister en tant que victime montrée en exemple n'encourage pas à en finir avec ses angoisses. Or la priorité, après un drame, c'est de s'en remettre, pas de s'en repaître. On fait croire aux victimes que la justice est là pour réparer la souffrance, alors que ce n'est pas le cas, de sorte que la juridiction populaire se transforme en juridiction populiste. On a même créé un « juge des victimes », ce qui apparaît comme une hérésie doublée d'un fiasco. Et pourquoi pas un juge des coupables ? Le juge est, par définition, à équidistance de tous.

On envisage à présent de demander aux représentants des victimes — comme si la souffrance n'était pas quelque chose d'individuel — de participer au processus d'exécution des peines, c'est-à-dire au contentieux de la liberté conditionnelle. Parce qu'on ne peut concevoir qu'une victime ne haïsse pas le coupable. Pourtant, depuis des siècles, la puissance publique n'a eu de cesse de confisquer la vengeance pour la transmuer en justice. Une victime n'est pas plus objective qu'un coupable. On est en pleine régression... Les peines ne sont jamais assez lourdes, entend-on. Et que dira-t-on aux victimes qui auront participé à la remise en liberté d'un homme si celui-ci récidive ? Qu'elles sont ses complices ? Quel cadeau croit-on faire aux hommes qui souffrent en leur permettant de gérer l'avenir des hommes condamnés ? Le serment des témoins leur enjoint de parler « *sans haine et sans crainte* » : la tendance politico-judiciaire de l'époque ignore cette précaution puisque, subrepticement, la justice fait sien le discours des victimes. Celles-ci s'en trouvent-elles mieux ? C'est loin d'être prouvé.

Je suis intervenu dans un dossier terrible, pour la famille d'une très jeune fille violée puis tuée. Ses parents, ostréiculteurs, étaient aveuglés de douleur et de haine. Ils avaient été reçus par des hommes politiques, approchés par un parti d'extrême droite qui leur avait proposé de s'associer à sa croisade pour le rétablissement de la peine de mort. Au début, le père de la victime n'était pas insensible à ce discours, et qui pourrait lui jeter la pierre ? J'étais allé les voir chez eux, à l'autre bout de la France, et leur cri de vengeance m'avait à la fois bouleversé et révulsé tant il était violent. Il m'a fallu leur expliquer à quelles conditions j'irais au procès avec eux, et ils ont fini par accepter que je ne joue pas les chefs de meute contre l'accusé, un gamin qui avait passé son enfance au rythme des soupirs tarifés de sa mère, laquelle se prostituait dans leur deux-pièces.

Le jour dit, l'audience commence dans un climat de tension paroxystique. À peine les débats ouverts, le père de la victime s'en prend à l'accusé, tente de frapper son avocat, Jean-Louis Pelletier, insulte la présidente – qui feint de n'avoir pas entendu. Celle-ci, une femme exceptionnelle, suspend l'audience. Je m'isole avec le couple et le mets face à un marché qui lui laisse tellement peu de marge de manœuvre que j'accepte qu'on parle de chantage : soit ils me laissent faire mon boulot comme je l'entends — et comme je le leur avais présenté —, soit je m'en vais. J'explique au père qu'il lui reste un garçon, qu'il adore, et que c'est à lui qu'il faut penser à présent afin qu'il ne croie pas que la vie s'est arrêtée avec la mort tragique de sa sœur. Je dresse un parallèle entre la façon dont le couple aime cet enfant, et la misère affective dans laquelle a grandi l'accusé.

Mes clients sont restés d'une dignité magnifique jusqu'au verdict et n'ont pas protesté quand l'accusé, reconnu coupable des faits atroces pour lesquels il avait comparu, n'a pas écopé de la plus lourde peine : il a été condamné à trente ans de réclusion, et non pas à la perpétuité. Et je crois que, finalement, ils l'ont compris. J'étais fier d'être avocat.

Je suis toujours bouleversé par des victimes, même quand je suis en défense. On jugeait aux assises du Var, à Draguignan, deux jeunes hommes dont un était majeur depuis deux jours au moment des faits. Pour un mobile indéterminé, ils avaient tué et enterré — ils l'avaient reconnu – un copain à eux. Le crime avait été commis sur fond de drogue et de marginalité. À la barre, le père de la victime explique qu'il n'a pas pu revoir le corps de son fils après l'autopsie mais que, en portant le cercueil, il l'a senti bouger à l'intérieur et que c'est le dernier contact qu'il a eu avec son gamin. Il explique aussi que quand on perd ses parents, on est orphelin, que quand on perd sa femme, on est veuf, mais que quand on perd un enfant, il n'y a pas de mot. Soudain, il se retourne vers les deux accusés et leur lance : « *Vous avez l'âge de mon fils, j'ai envie de vous prendre dans mes bras.* » Cet homme avait fait de sa douleur autre chose que de la haine, et cette alchimie était à la fois sublime et déchirante. Les deux accusés ont été respectivement condamnés à seize et dix-huit ans de réclusion criminelle, alors que le ministère public en avait requis trente. Ils ont accepté leur peine, et le père de la victime s'est, de son côté, déclaré soulagé. Pourtant, le parquet général a interjeté appel – un « appel d'orgueil », selon moi. Un second procès a eu lieu, qui s'est clos par le même verdict que le précédent. L'épilogue judiciaire du drame a été repoussé, et la plaie de la partie civile ravivée : quelle est la cohérence de cette démarche du parquet général ? La justice n'a-t-elle pas rempli son rôle

quand sa première sentence satisfait à la fois la
défense et la victime ? On ironise volontiers sur
les ego surdimensionnés des avocats pénalistes,
mais l'esprit revanchard qui, comme ici, anime
l'institution judiciaire cause davantage de dou-
leurs et de chagrins que les rodomontades télé-
visées d'un avocat : ces dernières, au moins, ne
ridiculisent que lui.

– 4 –

Souffrir

J'ai décidé de devenir avocat quand j'avais quinze ans, et je sais même quel jour cela s'est passé. C'était le 28 juillet 1976 et j'avais entendu à la radio que Christian Ranucci, l'homme du « pull-over rouge », avait été exécuté à l'aube. Ce n'est pas le récit d'une vocation que je fais ici, mais d'une sorte de fatalité : je suis condamné à plaider.

Les pénalistes se reconnaissent entre eux. Un vieux bâtonnier disait, paraît-il, qu'ils ont la gueule de leurs clients. Je ne sais pas si c'est vrai. Ce que je sais, en revanche, c'est qu'ils ont le sentiment d'appartenir à une tribu, la tribu de ceux qui aiment l'araignée et l'ortie. En raison de ces goûts peu orthodoxes, nous ne sommes pas toujours les bienvenus à la table judiciaire. Nous sommes des « *auxiliaires de*

justice », avec ce que ce terme comporte de péjo-
ratif, qui dit bien que pour l'institution, seuls
les magistrats sont titulaires quand il s'agit de
faire émerger la vérité d'un dossier.

Les véritables avocats pénalistes partagent la
même vision singulière de l'humanité. Le mani-
chéisme leur est parfaitement étranger, les êtres
ne se distinguent pas entre bons et mauvais,
gentils et méchants, innocents et coupables.
Comme Voltaire, nous autres pénalistes savons
tous que « *le contraire est toujours vrai* ». Les
pénalistes ont un sentiment particulièrement
aigu de la fragilité des personnalités, et ne font
pas profession de se vautrer dans la morale alors
que l'époque nous y invite tous. C'est une forme
de résistance. Pas un Vercors, peut-être, mais
cela demande du courage. Souvenez-vous de
Jacques Vergès, condamné à mort par l'OAS
quand il défendait les militants du FLN devant
le tribunal militaire d'Alger. Ou, plus près de
nous, d'Henri Leclerc, la gueule en sang, les
habits déchirés à La Motte-du-Caire, dans
les Alpes-de-Haute-Provence : ce grand avocat
défendait un marginal accusé d'avoir, avec un
autre, violé et assassiné une gamine, et il a manqué d'être lynché lors d'une reconstitution. Son
client sera acquitté. Tout simplement parce
qu'il était innocent et que Didier Gentil, celui

qui comparaissait en même temps que lui, l'a dit à l'audience, aidé en cela par son avocat.

Les réunions de pénalistes sont toujours des moments de fête. Les bons mots récoltés au gré des audiences circulent. Les rires fusent. Il y a de la tendresse, également, car nous nous aimons beaucoup entre nous. Ces instants de détente nous font du bien. Les pénalistes savent que n'importe qui, facilement, peut basculer, que leur meilleur ami sera peut-être, demain, leur client. Certains de ces clients, d'ailleurs, dont l'itinéraire semblait les prédestiner au crime, s'en sortent parfois à la suite d'une lourde condamnation. Voyez Philippe Maurice, assassin devenu docteur en histoire après avoir échappé à la guillotine qui lui avait été promise. Mais d'autres, que rien ne semblait attirer dans la face noire de l'humanité, trébuchent et se noient.

L'institution, elle, ne conçoit la notion de libre arbitre qu'à charge : « *Rien ne vous obligeait à tuer, à voler, à violer* », entend-on à longueur de réquisitoires. Jacques Vergès dit souvent, dans une de ces formules qui en font un avocat à part, que quand un chien mord une vieille dame, on ne peut pas dire de lui qu'il est inhumain. L'inhumain est le corollaire de l'humain, non seulement dans le crime, mais aussi, toutes choses étant égales, dans l'exercice de la justice. Dans une émission de téléréalité diffusée par France 2, « Le jeu de la mort », les candidats devaient électrocuter un comédien quand il n'apportait pas de bonnes réponses aux questions – ils ignoraient que les décharges étaient fausses, mais cela ne retenait pas leur bras une seule seconde. Au cours d'un délibéré de cour d'assises, c'est la même chose : les jurés qui massacrent l'accusé ont sans doute le sentiment du devoir bien fait. Revoyez *Douze hommes en colère*, le chef-d'œuvre de Sidney Lumet : tout groupe peut se montrer atroce, mais la solution de facilité, qui consiste à se réfugier dans le confort rassurant du groupe, n'est jamais obligatoire.

*
* *

Condamné à plaider, donc. À souffrir, aussi. L'avocat entre par effraction dans la vie des autres – ses clients. Après le verdict, quel qu'il soit, il traverse une zone grise de nostalgie, car la porte de cette vie, dans laquelle il commençait à s'épanouir, se referme brutalement. Ce métier nous dévore et nous aimons ça. Le retour

au quotidien représente chaque fois une souffrance. L'avocat pénaliste est un Fregoli judiciaire, qui porte toujours la même robe mais
change quotidiennement de panoplie pour comprendre et faire comprendre au mieux celui ou
celle qu'il défend. Défendre, c'est avoir mal
parce qu'on a peur de faillir, parce que cela vous
prend le matin au réveil et ne vous quitte la
nuit que pendant les quelques minutes précé-
dant le premier rêve – à quoi voulez-vous que
rêve un avocat ? La plaidoirie se prépare avant
l'audience, pendant l'audience, durant les suspensions, sur un coin de nappe en papier qu'on
déchire et qu'on retrouve un peu plus tard,
parfois par hasard.

J'ai plaidé, en appel, pour l'ex-joueur international de rugby, Marc Cécillon. Ce grand
sportif était devenu, une fois définitivement
rangés les crampons, un type banal. Un soir où
il avait bu plus encore que d'habitude, il avait
tué son épouse, une femme admirable qu'il
trompait sans vergogne, de cinq coups de revolver. Verdict à Grenoble, où il a été jugé comme
ancien capitaine du XV de France : vingt années
de réclusion criminelle. Je ne suis intervenu
qu'en appel. Le procès se tenait à Nîmes. Un
soir, je dîne dans un mauvais restaurant chinois
avec deux journalistes que je connais bien, Éric

Dussart, de *La Voix du Nord*, et Gilles Debernardi. Ce dernier, envoyé spécial du *Dauphiné libéré* – l'accusé est natif de Bourgoin-Jallieu, en Isère, le pré carré du *Dauphiné libéré* – me dit : « *Il faut que tu plaides cette affaire à hauteur d'homme.* » C'est devenu une trame. Oublier le surhomme au maillot frappé du coq. Faire réapparaître l'apprenti pâtissier un peu gauche devenu sportif de haut niveau. Montrer la détresse de l'ancienne gloire, la gueule de bois du retour à la vie normale, la descente du podium comme une dégringolade sociale et intime. Peut-être les jurés ont-ils été sensibles à cette supplique : la peine de vingt ans a été ramenée à quatorze années de réclusion criminelle. Six ans de moins. Ce n'est pas grand-chose mais cela représente tout de même un tiers de la première sentence, une possibilité de libération conditionnelle nettement plus proche et, peut-être, une perspective plus favorable pour la réparation d'une famille anéantie.

Le choix d'un métier qui consiste, pour l'essentiel, à prendre la parole en public n'est pas neutre : ce choix relève, à l'évidence, d'un règlement de comptes permanent avec soi-même. Quand je raconte, au cours d'une plaidoirie, la mort du père d'un de mes clients, je suis authentiquement bouleversé. Parce que c'est la mort de mon père que je raconte. Quand un verdict vient balayer cette émotion, il emporte aussi cette part de lui-même que l'avocat avait introduite dans l'histoire d'un autre, alors il souffre encore plus. L'avocat n'est jamais meilleur père, meilleur mari, meilleur amant, meilleur associé que quand il plaide.

Le discours habituel autour de la vocation des avocats est convenu à mourir. Plaider, ce n'est pas que défendre la veuve et l'orphelin, ou empêcher une erreur judiciaire. Tous ceux que je défends ne sont pas innocents – je ne trahis là aucun secret, beaucoup reconnaissent les faits qui leur sont reprochés. Albert Naud, un célèbre avocat de l'après-guerre, a intitulé l'un de ses ouvrages : *Les défendre tous*. La noirceur fait partie des êtres. Même quand elle me dégoûte, je ne peux m'empêcher de penser que se tapit en moi une partie de cette noirceur. La noirceur du crime, c'est comme un virus dont je serais porteur sain. Dans un exact parallèle, je dis aux jurés que, pour qu'ils prononcent la juste peine ou l'acquittement que j'espère souvent, j'ai besoin de leurs qualités mais, surtout, de leurs défauts. Quand je dois expliquer qu'on ne peut pas condamner celui que je défends au motif qu'il a menti aux enquêteurs, je raconte aux jurés des petites histoires qui leur parlent. Par exemple : quand vous vous attardez avec des copains, à l'heure de l'apéritif, et que vous arrivez en retard chez vous, que dites-vous à votre femme ? Que vous avez bu une autre tournée, ou que la circulation était chargée ? Il y a toujours un ou deux jurés qui sourient. Tout le monde ment, même les honnêtes gens. Quand le hasard désigne ces honnêtes gens pour en faire des juges, le temps d'une session d'assises, le rôle de l'avocat n'est pas de les gruger, mais, entre autres, de leur rappeler des choses simples de la vie de tous les jours qu'on peut facilement oublier quand on s'assied à côté de trois magistrats de métier, face à un box.

L'avocat de la défense demeure également une vigie pour ces hommes et femmes de robe. Ils ont – du moins est-il permis de l'espérer – lu Tocqueville, mais se souviennent-ils de ce passage : « *Quand je vois, parmi vous, certains magistrats brusquer les parties, leur adresser des bons mots ou sourire avec complaisance à l'énumération des charges, je voudrais que l'on essayât de leur ôter leur robe, afin de découvrir si, se trouvant vêtus comme de simples citoyens, cela ne les rappellerait pas à la dignité naturelle de l'espèce humaine* » ? J'aime bien aussi, dans un style plus grinçant, la formule de Paul Léautaud : « *J'expliquais hier à l'étude la nécessité de n'avoir point pour magistrats des hommes honnêtes. N'ayant aucune capacité criminelle, comment ceux-ci pourraient-ils juger des crimes ? On ne juge que ce qu'on connaît bien.* »

*
* *

Le crime n'est pas beau en soi. Je ne suis pas un esthète de la déviance, un théoricien du mal pour un bien, un cynique des prétoires. Je ne dirais pas, comme Nietzsche, que « *les avocats d'un criminel sont rarement assez artistes pour tourner au profit de leur client la belle horreur de son acte* » ; encore faudrait-il, pour cela, que leurs clients plaident toujours coupable... Mais je revendique le droit des accusés au mensonge. Tant que ce droit est reconnu, son corollaire s'impose, du moins en théorie : la charge de la preuve incombe au seul ministère public. Et puis il existe une gradation dans le mensonge. Il faut être affublé d'une vision singulièrement réductrice pour considérer que celui qui ne dit pas la vérité aggrave encore son cas, s'il est coupable. Un homme peut mentir tout simplement parce qu'il a honte. Ou parce qu'il a peur : souvenez-vous du triple reniement de Simon-

Pierre lorsqu'il est interrogé par le SRPJ romain ! Il y a des gens qui, en toute sincérité, ne peuvent tout bonnement pas reconnaître ce qu'ils ont fait, bien que des preuves matérielles les accablent, parce que cette réalité leur est insupportable. Leur propre noirceur les dégoûte tant qu'ils la refoulent. C'est une forme de pudeur qui n'excuse rien, mais que l'institution judiciaire refuse d'accepter comme telle. Cela se voit fréquemment dans les dossiers de criminalité sexuelle : l'accusé, qui aperçoit sa famille dans la salle, préférera l'opprobre d'une dénégation insensée, avec le fol espoir que ses proches, au moins, le croiront encore. Pour l'accusation, cette attitude passe pour la forme la plus achevée du cynisme. Il est vrai qu'il n'est guère commode d'être accusé devant une cour d'assises : si vous niez, on vous traite de salaud, si vous avouez et demandez pardon, on vous considère comme une crapule hypocrite.

Pour un avocat, le mensonge ne constitue pas nécessairement un aveu ou une faute. Des clients nous font des confidences qu'il est de notre devoir de taire. Le secret professionnel auquel nous sommes tenus nous impose, parfois, de mentir par omission. Si, en retraçant le curriculum vitae de l'accusé, le président de la cour d'assises mentionne de manière erronée que celui-ci n'a jamais été condamné et que cette erreur échappe à tout le monde – je l'ai vécu –, est-ce à l'avocat de se dresser pour la rectifier ?

Stigmatiser comme on le fait les « mensonges » des accusés revient à graver dans le marbre que l'aveu reste la reine des preuves. C'est faux. Pour moi, qui ne suis pas le énième juge de mon client parce que seule m'importe la vérité de ce dernier, l'aveu est un mensonge comme les autres. Quel aveu est-il parfaitement pur ? Qui avoue exactement ce qui s'est passé, ce qu'il a ressenti au moment où cela s'est passé ? Quel homme ne reconstruit-il jamais ses souvenirs, gommant un peu ce dont il est le moins fier, accentuant un peu ce qui peut donner de lui une image moins détestable ?

J'ai défendu, il y a longtemps, une femme accusée d'avoir fait subir à sa fille, mineure, des sévices innommables. Mme P. était extrêmement fruste, atrocement laide – elle avait été défigurée par un accident de voiture, qui lui avait volé sa beauté et aussi sa vie de femme puisqu'elle n'avait plus jamais eu de sexualité depuis. Mme P. portait un œil de verre. Lors d'un interrogatoire chez le juge d'instruction, cette prothèse avait jailli de son orbite et roulé sur le bureau du magistrat, médusé. Mme P. avait tranquillement ramassé la bille, l'avait humectée de salive et remise à sa place... Il lui était reproché d'avoir violé sa fille avec un de ces vieux presse-purée dotés d'une manivelle à boule rouge. Elle niait tout en bloc, farouchement, bien que le dossier semblât l'accabler. Je n'avais jamais vu la victime avant le procès. Quand je la découvre à l'audience, sublimement belle, précise, bouleversante, je comprends que ma tâche sera encore plus difficile que prévu. Elle accable sa mère, qui nie. La confrontation n'apporte pas grand-chose, c'est-à-dire que la défense ne marque aucun point.

Pendant toute l'audience, la partie civile et l'avocat général assiègent le box pour obtenir l'aveu qui ne jaillit pas. Lors du week-end qui précédait ma plaidoirie, j'étais allé voir au cinéma un film de Lars von Trier, *Breaking the waves*. L'histoire d'un homme paralysé à la suite d'un accident, qui demande à sa femme, qu'il aime avec passion, d'avoir des relations avec d'autres hommes et de les lui raconter. Quand vient mon tour de plaider, Mme P. continue à soutenir qu'elle est innocente, malgré la déposition de sa fille, malgré les conclusions des légistes qui donnent à celle-ci un fort crédit. Elle me dit juste : « *Ma fille dit qu'j'avais des*

74

*poils alors que j'm'avais rasée, faut le plaidoyer ça,
Maître.* » Pensant à *Breaking the waves*, j'avance
que si elle a bien commis ce dont on l'accuse,
c'est peut-être pour faire payer à sa victime
– qui n'y était pour rien, évidemment –, à
travers un acte sauvage, sa beauté perdue et la
fin de sa vie sexuelle. À cet instant j'entends,
derrière moi, pleurer celle que je défends. Sans
me retourner, je lance aux jurés : « *Vous le vou-
liez, l'aveu ? Eh bien, le voici !* » Et je reprends
le fil de mon propos, pour bien montrer que
cela ne changeait rien à ce que tout le monde
avait compris : l'aveu, tacite ou non, n'avait
aucune incidence sur le fond du dossier.

Il est courant de passer à côté d'une explication psychologique, surtout quand l'accusé nie
ce qui paraît évident. Cela doit nous conduire,
procureurs et avocats, à rester humbles. J'ai en
mémoire un autre exemple, celui d'un homme
de vingt-cinq ans qui avait été condamné à la
réclusion criminelle à perpétuité au terme
d'un délibéré express – moins d'une heure ! –
pour avoir tué sa maîtresse. Daniel Karlin et
Tony Lainé l'avaient filmé dans le cadre de leur
série documentaire, « L'Amour en France ». Ce
n'est qu'à l'occasion de cet entretien avec les

journalistes que le ressort psychologique de cet homme est apparu. Fils de gendarme, il avait subi longuement les humiliations infligées par son père et ne s'en était jamais remis, au point de l'avoir caché aux enquêteurs, au juge d'instruction, aux experts psychiatres et aux jurés. Il avait été jugé, condamné pour un crime injustifiable, mais pas compris.

De la même manière, l'attitude de Claude Lamarque-Petit, la mère de Suzanne Viguier, m'a semblé assez incompréhensible pendant le procès en appel de son gendre, Jacques Viguier, que je défendais à Albi. À elle, il n'était bien sûr rien reproché pénalement. En revanche son gendre, professeur de droit toulousain, était accusé du meurtre de son épouse Suzanne. Or la mère de « Susy », bien qu'elle se fût constituée partie civile[1], refusait de croire à la culpabilité de l'universitaire, qui avait d'ailleurs été

1. Le fait de se constituer partie civile n'implique pas qu'on est certain de la culpabilité de l'accusé. En l'espèce, Mme Petit est clairement victime de la disparition de sa fille, mais elle est libre de croire que la police a arrêté un faux coupable. Ce cas de figure est rare mais pas exceptionnel aux assises.

acquitté en première instance, assisté par Mᵉˢ Henri Leclerc et Georges Catala.

À ce second procès, Mᵐᵉ Lamarque-Petit paraissait froide chaque fois qu'elle évoquait sa fille disparue – au moment du drame, survenu en février 2000, les deux femmes étaient brouillées depuis des années –, au point de se montrer bien en peine de citer ses principales qualités à l'invitation de l'avocat général. Avec encore plus d'aplomb que les trois enfants de la victime, elle envisageait un départ volontaire « *sous les cocotiers* », hypothèse assez peu crédible et ne cadrant pas avec ce qu'on croit savoir de la douleur d'une mère.

Je n'ai compris quelle pouvait être la psychologie de Claude Lamarque-Petit qu'après le second acquittement de Jacques Viguier en découvrant dans le détail – le crime avait été évoqué rapidement à l'audience – comment la propre mère de Mᵐᵉ Lamarque-Petit avait été assassinée, en 1946. À l'époque, la police avait accusé le mari (qui fut blanchi), il y avait avec la disparition de Susy une foule de coïncidences pour le moins troublantes. Dès lors, la position de cette femme prise en étau entre une mère assassinée et une fille évanouie dans la nature apparaissait comme douloureuse et sa sécheresse de cœur supposée se teintait d'un désarroi émouvant.

L'avocat ne découvre pas forcément, hélas, la clé humaine enfouie au plus profond de celui qu'il défend. Malgré ce qu'il me donne, malgré ce que je lui demande, je n'obtiens pas toujours ce dont j'ai besoin. Les situations psychologiques complexes risquent de ne pas émerger de son discours, de sorte que la justice passe à côté d'une vérité. Je suis passé à côté de certains de mes clients, évidemment, et cela me ronge.

– 5 –

Besogne

Quand j'étais tout jeune, au lieu de suivre les cours du centre de formation des avocats, qui m'ennuyaient terriblement, je séchais pour me rendre aux assises du Nord, à Douai où j'ai découvert Jean-Louis Pelletier, avocat magnifique, stimulant, écrasant. J'allais aussi écouter Thierry Lévy, Henri Leclerc, Jacques Vergès… Ils représentaient l'inatteignable Graal. Je les ai rencontrés plus tard : ils comptent beaucoup pour moi qui suis très sensible au regard de mes pairs – ceux que j'admire.

Je suis sorti dernier au classement de l'école du barreau de Lille. On m'y prédisait une sombre destinée car je voulais faire du pénal. On me disait qu'ici, dans cette ville, ce n'était pas possible. Alors j'ai entrepris un tour de France.

Un avocat, Jean Descamps, correspondant[1] du
Marseillais Émile Pollak et du Toulousain Alain
Furbury, m'a conseillé d'aller trouver ce dernier.
À Marseille, personne n'avait voulu de moi ! J'ai
donc gagné Toulouse et fait la connaissance
d'Alain Furbury, mon mentor, mon maître.
J'avais pour cet homme une admiration sans
bornes. Mais il ne pouvait pas m'embaucher non
plus. Je me suis donc rendu à Paris et là, enfin,
Jean-Louis Pelletier m'a proposé de m'accueillir : il cherchait un collaborateur, Thierry Herzog venant de le quitter pour s'installer à son
compte. Mais je n'avais pas assez d'argent pour
me loger dans la capitale. La mort dans l'âme,
j'ai renoncé et suis revenu à mon point de
départ, Lille. J'ai tenté le concours de la conférence du stage, épreuve d'éloquence plutôt difficile, et je suis arrivé premier ex aequo – encore
une injustice ! Cela m'a permis de trouver un
travail au sein d'un cabinet d'affaires, le cabinet Savoye. On me préparait les dossiers que

---

1. Il est courant qu'un avocat choisisse, parmi ses
confrères qu'il estime, des « correspondants » dans différents barreaux, afin de faciliter les démarches liées à
leurs dossiers en les confiant à des avocats locaux. Il ne
s'agit pas forcément d'une association au sens strict,
mais d'une sorte de réseau d'amitié et de commodité.

j'allais ensuite plaider aux prud'hommes. Je consacrais le temps qui me restait au pénal. À cette époque, les commissions d'office (système selon lequel un avocat est mis à la disposition d'un client impécunieux qui ne peut pas payer les honoraires d'un conseil qu'il désignerait lui-même) n'étaient pas rémunérées, personne n'en voulait. Je les prenais sans compter, ce qui m'a permis de me constituer un début de clientèle.

Dans la foulée, je me suis associé à Stefan Squillaci, qui traitait les affaires civiles et commerciales du cabinet. Plus de vingt ans après, nous sommes toujours ensemble. Nous avons trouvé notre équilibre professionnel : aucun ne marche sur les brisées de l'autre, je lui suis infiniment reconnaissant de faire « tourner la boutique » en s'occupant de toute la partie administrative – je lui dois une grande part de ma liberté. Je dois aussi cette liberté à mon secrétariat, interface apaisante entre les clients et l'avocat parti par monts et par vaux, agence de voyages qui déniche le train de 23 heures, le premier vol du matin, l'hôtel près du palais de justice, et ajuste l'agenda en dépit des audiences renvoyées ou prolongées à l'autre bout de la France.

Mais je voudrais revenir à Alain Furbury. La première fois que je l'ai vu, il plaidait à Douai pour un gitan dont il a conquis l'acquittement. Il avait une allure de Grand d'Espagne, des yeux d'un bleu particulier, des cheveux blancs. J'entends encore ses premiers mots : « *Cette affaire me rappelle mon enfance. J'étais petit, c'était l'exode. De la fenêtre, on voyait défiler des hordes de gitans, faméliques comme leurs chevaux. Ma mère m'a dit, me prenant par la main : "Tu vois, petit, ils volent nos poules, ils volent nos lapins, mais il faut les aimer, ce sont les derniers hommes libres."* » Le placement des silences, le sens du rythme, je les ai appris de lui. Rien n'est plus éloquent que le silence, aux assises comme dans tous les lieux sacrés. Il m'a appris l'insolence, aussi. Il ne gueulait pas, c'était un orateur très fin – je ne connais pas un bon avocat qui plaide en hurlant. Sa maîtrise du verbe était absolue. J'ai beaucoup plaidé à ses côtés. Il me disait : « *Si j'oublie un truc, marque-le sur un papier et passe-le-moi.* » Tout en discourant, il lisait ma petite note et intégrait l'idée à son propos, sans jamais se déconcentrer. Il fallait le voir, bousculer le témoin accusateur, foudroyer le public hostile, dépouiller l'avocat général des oripeaux de son autorité.

Alain Furbury, mon maître, était d'une généc-
rosité incroyable. « *Je n'aime pas le confort, je
tolère le luxe* », disait-il, flambeur, grand sei-
gneur, quand il présidait ces tablées d'après-
audiences où l'on apprend beaucoup, aussi, avec
des cuites à la Blondin, celles où les mots vous
enivrent davantage que le vin. Il savait également remettre à sa place un interlocuteur trop
pressant. Je n'oublierai jamais ce jour de 1993
où nous nous promenions à Paris. J'avais prêté
serment en 1984 et j'avais très envie qu'il
m'adoube, là, tout de suite. Je lui demande :
« *Combien de temps faut-il pour devenir un grand
avocat ?* » Et j'ai vu étinceler ses yeux bleus
quand il m'a répondu : « *Vingt ans.* » Une gifle
m'aurait fait moins mal.

*
* *

Il y a, dans une carrière d'avocat, des
moments qui comptent. La première plaidoirie.
Puis la deuxième, puis celle que l'on prononce
en compagnie d'un confrère plus aguerri qui
vous attend au tournant, puis la confrontation
avec un journaliste local, puis l'épreuve de l'oral
devant la presse nationale au grand complet.
Comme on se remémore des histoires d'amour,

je me souviens de ma première fois avec Furbury, Pelletier, Leclerc. Avec Thierry Lévy,
figure des avocats qui combattirent la peine de
mort avec acharnement et un talent hors du
commun, ce fut un cauchemar. Cela se passait
à Perpignan. J'étais mort de trouille et j'ai
plaidé comme un cochon. Pendant dix ans, systématiquement, j'ai vomi avant de prendre la
parole aux assises. Aujourd'hui encore, j'ai le
trac – mais j'ai plus ou moins appris à le maî-
triser. Dans la demi-heure qui précède la plaidoirie, je me renferme sur moi-même. Ce n'est
pas du tout le moment de me déranger ou
d'essayer de me faire rire, car je n'ai plus aucun
humour. Je suis pâle, dévoré d'angoisse. À
l'invitation rituelle du président – « *Maître
Dupond-Moretti, la cour vous écoute pour la défense
de X...* » –, je me lève comme si je devais
produire un effort surhumain. Ce n'est pas du
théâtre : à cette seconde, pèse sur mes épaules
le sort d'un homme qui ne voit que mon dos et
qui a remis son destin entre mes mains. Une
fois le premier mot lâché, la peur cède la place
à une profonde jouissance et je plaide en totale
liberté. Tout est concentré, dans une plaidoirie.
C'est un morceau de bravoure éphémère, pas
écrit, qui n'a pas vocation à résister au temps.
On ne la retrouve jamais intégralement dans la

presse, ne serait-ce que parce que aucun journaliste ne peut écrire les silences. Une chroni-
queuse judiciaire de très grand talent, Pascale
Robert-Diard, a merveilleusement raconté, pour
Le Monde, le procès en appel de l'ex-rugbyman
Marc Cécillon. Et pourtant, j'ai ressenti un déca-
lage entre son article et ma plaidoirie que j'avais
encore en tête : il manquait les silences.

*
* *

Avant la griserie du prétoire, il faut passer
par l'étude du dossier. Le rôle de l'avocat est
simple : trouver ce que personne n'a vu. Parfois,
on ne trouve rien – mais c'est rare. Ce sont mes
collaborateurs qui, la plupart du temps,
débroussaillent les procédures. C'est un travail
fastidieux. Il consiste, par exemple, à décortiquer, ligne à ligne, les factures téléphoniques
détaillées (les « fadets » ou « fadettes ») du dossier, à les croiser. Ces fadettes sont souvent des
mines d'or. Il faut aussi étudier le parcours des
scellés[1] : le grand public serait surpris d'apprendre le nombre de bévues commises par les

---

1. Lors d'une enquête, une foule d'indices sont saisis,
en principe dûment répertoriés et placés sous scellés.

enquêteurs ou les experts lors de la manipulation des éléments saisis sur la scène de crime.

On doit également examiner à la loupe toutes les déclarations de l'accusé, des témoins, les conditions d'obtention de ces déclarations. Dans une instruction, la même personne peut être entendue à plusieurs reprises, à des mois d'intervalle : la lecture scrupuleuse des procès-verbaux, à la recherche des points de divergence ou de convergence, est capitale. Il ne faut pas non plus négliger la régularité de la procédure. L'étude d'un dossier n'est fructueuse que si elle part du principe qu'il y a quelque chose à découvrir.

Depuis dix ans, j'ai la chance d'avoir auprès de moi une collaboratrice très précieuse : Alice Cohen-Sabban, fille d'un avocat et d'une magistrate, qui a pour particularité d'avoir fait un

---

Ils font partie du dossier, au même titre que les procès-verbaux. On trouve de tout dans les scellés : l'arme du crime, un vêtement, un meuble, des documents comptables, des objets comme des téléphones portables, des médicaments, des albums de photos... Certains sont soumis à expertise, à la recherche d'ADN, par exemple : l'expert doit ensuite les remettre dans leur sachet – on appelle cela « reconstituer le scellé ». L'avocat a tout intérêt à vérifier que les scellés correspondent à la liste qui figure au dossier, et que leur parcours est correctement balisé.

stage au parquet durant ses études. Elle m'aide à préparer nombre de mes dossiers et n'a pas son pareil pour dévoiler la faille de l'accusation. Dans un premier temps, il s'agit d'éplucher la procédure – c'est-à-dire *tout* lire – pour en retirer ce qui n'apporte rien, archivé dans une chemise « SI » (pour « sans intérêt »). Il faut faire très attention à ce qu'on classe « SI », car on ne visite pas souvent ces oubliettes de papier… Un jeune collaborateur y avait un jour archivé un élément capital : l'hospitalisation de mon client à la suite d'une agression dont l'auteur n'était autre que celui qui deviendrait sa victime… Cette besogne nécessite de nombreuses réunions et conversations. La défense est un travail d'équipe.

L'état d'esprit de l'avocat consiste à douter de tout, même, et surtout, de ce qui paraît acquis à la lecture du dossier. Un slogan publicitaire résume parfaitement cet état d'esprit : « *La confiance n'exclut pas le contrôle.* » Si, une fois que l'avocat a disséqué le dossier, il n'a rien découvert d'autre que ce qu'a écrit le procureur, sa valeur ajoutée est nulle. Mais quand je mets le doigt sur la faille, c'est « Eurêka ! ». Je peux alors conforter ce qui n'est au départ qu'une parole de dénégation prononcée par un homme qui n'est pas présumé innocent, quoi qu'on en dise. C'est terrible, car l'avocat est contraint de s'engager dans un processus de démonstration d'innocence, ce qui constitue une perversion totale de l'esprit de notre système judiciaire, selon lequel la charge de la preuve incombe intégralement à l'accusation. Mais l'avocat a-t-il le choix ? Le dossier est le même pour tout le monde. Chacun monte son film avec les mêmes rushes. Mais le ministère public a une obligation de vérité absolue, tandis que l'avocat de la défense doit faire triompher une vérité relative – celle de son client.

Tout se conteste, même « la reine des preuves », l'ADN. Avec Philippe Dehapiot, le meilleur spécialiste de notre procédure pénale, je défendais un homme fiché au grand banditisme, répondant parmi ses amis au sobriquet de « La Gelée ». Il lui était reproché d'avoir participé au braquage d'un fourgon blindé, dans un entrepôt. Sur les lieux, les enquêteurs avaient ramassé un mégot. Les experts avaient ensuite isolé une signature génétique – celle de La Gelée. Aux assises de la Seine-Saint-Denis, Philippe Dehapiot a démontré que les scellés n'avaient pas été manipulés et conservés dans les règles de l'art, et que donc, cet ADN sur le

mégot était suspect. En dépit de son casier judiciaire et d'un dossier à première vue accablant,
La Gelée a été acquitté.

Dans une autre affaire que j'ai traitée en
appel, qui avait pour cadre une localité huppée
de la région parisienne dans laquelle l'épouse
d'un P-DG avait été assassinée, l'un des éléments à charge, qui accablait ma cliente – ex-
secrétaire et amante du P-DG – se présentait
sous la forme d'un cheveu de sept centimètres.
Selon le dossier, il avait été prélevé sur la robe
de chambre de la victime. En réalité, il prove-
nait de la voiture de ma cliente. Le même cheveu pouvait donc signaler une situation normale
ou signer un crime. Devant les assises, cela
donne quatre heures de débats techniques, d'où
l'éloquence et les effets de manche sont bannis,
durant lesquelles la présidente manifeste clairement son exaspération. À la fin, l'expert en
ADN, une sommité, reconnaît que les scellés
ont été mal reconstitués et qu'il ne procédera
plus jamais de cette manière à l'avenir. La secrétaire du P-DG avait été condamnée à dix-huit
ans en première instance. Elle a été acquittée
en appel.

– 6 –

Assises

La cour d'assises a beaucoup évolué depuis
que je l'ai découverte. À l'époque où j'ai prêté
serment, quand l'accusé était acquitté, l'avocat
général se faisait remonter les bretelles par sa
hiérarchie. Ne pas obtenir une condamnation
était une faute pour le ministère public. Ce
n'était pas glorieux, non plus, pour le président.
Un lendemain d'acquittement à Douai, je rencontre justement celui qui avait dirigé les
débats dans les couloirs du palais de justice,
sortant du bureau du président de la cour
d'appel. Il a les larmes aux yeux. Je lui demande
la raison de son chagrin et il me répond, laco-
nique : « *C'est la souveraineté populaire.* »

Personne, au palais, n'avait digéré cet acquittement collectif. L'affaire était significative de
l'acharnement de l'institution, acharnement qui

fait parfois fi d'une volonté politique. En 1979, pour financer leur mouvement, des anarchistes toulousains avaient braqué la perception de Condé-sur-l'Escaut et, ironie du sort, raflé la paye des mineurs de fond, soit 17 millions de francs (2,6 millions d'euros, une somme astronomique à l'époque). L'un des accusés était le parent d'un militant républicain garrotté sous Franco. Le mobile politique étant évident, l'instruction avait été confiée à la Cour de sûreté de l'État, ancêtre des actuelles cours d'assises « spécialement composées » auxquelles sont soumis les dossiers terroristes. En 1981, François Mitterrand accède à la présidence de la République. La Cour de sûreté de l'État n'en a plus pour longtemps à sévir, et le nouveau pouvoir prépare une loi d'amnistie dont vont bénéficier de nombreuses personnes poursuivies pour des actes « politiques ».

Mais la Cour de sûreté ne veut pas que ses anarchistes échappent à la prison : à la veille du vote de la loi d'amnistie, elle se dessaisit au bénéfice d'une juridiction de droit commun, comme si elle venait de s'apercevoir que le braquage politique était en fait un acte crapuleux... Plusieurs années après, le groupe comparaît donc devant des assises classiques. La défense – dont Alain Furbury – rend au procès sa dimension politique en faisant citer divers élus comme témoins, et les anars de Toulouse ont été acquittés, contre les réquisitions de l'avocat général, les jurés sanctionnant la manœuvre procédurale destinée à faire juger en force des militants amnistiables. Seul mon client a été condamné. Il est vrai qu'il avait profité de sa part de butin pour acheter un bateau et organiser un trafic de stupéfiants. Voilà l'histoire qui a conduit un président d'assises à se faire réprimander par un premier président de cour d'appel.

*
* *

Les assises sont gangrenées par le même mal qui ronge toute la magistrature : le corporatisme. Aujourd'hui encore, on a du mal à acquitter. Le verdict d'innocence est perçu comme le désaveu du juge qui a instruit le dossier et renvoyé l'accusé devant la juridiction de jugement, du procureur qui a suivi l'affaire, de la chambre de l'instruction qui a validé la procédure et, *in fine*, de l'avocat général. Un confrère m'a rapporté à ce sujet une anecdote édifiante. Il était intervenu dans un dossier qui avait été jugé par une cour d'assises du centre de la France. L'accusation reposait, en grande partie, sur une expertise vocale qui avait été démolie à l'audience par la défense, laquelle avait fait citer comme témoin un expert de renommée internationale. Quand les avocats sont allés saluer la présidente, elle sanglotait à gros bouillons et leur a dit entre deux hoquets : « *Un acquittement pour ma première affaire, vous vous rendez compte...* »

Un autre exemple. La première fois qu'un appel a été interjeté après une condamnation aux assises du Nord[1], l'intéressé avait été condamné à Douai à huit ans pour vol à main armée. L'affaire est rejugée à Saint-Omer. Le seul élément à charge est balayé : il s'agit d'une cagoule sur laquelle l'ADN de mon client a été identifié. Ce dernier explique qu'il a été condamné pour association de malfaiteurs dans une autre procédure, et que la cagoule provient de cette procédure. Il est tellement crédible

---

1. Avant la « loi Guigou » de juin 2000, il n'était pas possible de faire appel d'une décision de cour d'assises. Le seul recours existant, y compris contre la peine de mort avant 1981, était un pourvoi en cassation, qui ne pouvait s'appuyer que sur un éventuel vice de procédure puisque la juridiction judiciaire suprême ne rejuge pas sur le fond.

que l'avocat général requiert l'acquittement que prononcera le jury. Ce magistrat m'a confié, par la suite, que ses collègues avaient considéré son honnêteté comme une faiblesse coupable et l'avaient moquée.

Il faut encore plus que de l'honnêteté à un représentant du ministère public pour abandonner les poursuites : du courage. Je voudrais ici parler d'un magistrat courageux, qui s'appelle Pierre Bernard. Il avait suivi, en tant que procureur, une procédure de tentative d'assassinat et avait décidé – ce qui se fait souvent – d'aller soutenir l'accusation aux assises[1]. En première instance, il avait requis dix ans, et l'accusé avait été condamné pour violences volontaires avec armes. L'accusé avait fait appel, s'estimant

---

1. Aux assises, l'accusation est soutenue par un avocat général, qui relève du parquet général. Mais le procureur de la République du ressort qui a suivi l'instruction peut demander à achever son travail devant la cour d'assises, le parquet étant indivisible. Un exemple : pour juger un crime commis en Saône-et-Loire, le ministère public sera soit un avocat général de Dijon, siège de la cour d'appel et du parquet général, soit le procureur de la République de Chalon-sur-Saône. Cette règle s'applique en première instance comme en appel.

condamné à tort. Le ministère public avait également fait appel, ce qui avait pour conséquence de rouvrir totalement l'échelle des peines — sinon, l'accusé ne pouvait écoper d'une sanction supérieure à la première —, et de permettre une condamnation avec une qualification plus sévère.

Le second procès a eu lieu à Montauban, aux assises du Tarn-et-Garonne. L'accusation reposait sur un témoignage, celui de la victime qui disait reconnaître l'accusé, le tout sur fond de trafic de stupéfiants. La partie civile, qui avait déjà beaucoup varié au cours de l'instruction, continue à livrer des versions invraisemblables. À telle enseigne que l'avocat général a admis, à l'audience, qu'il n'était plus en mesure de soutenir une accusation qu'il avait jusqu'alors portée avec détermination, et a requis l'acquittement. Certains de ses collègues sont parfaitement capables d'agir ainsi si leur conscience le leur dicte, je pense à Philippe Bilger — qui a pris sa retraite en 2011 —, pour n'en citer qu'un. Mais pour beaucoup, cela confine à l'hérésie.

La Constitution fait de nos juges les garants de la liberté individuelle : un président qui prononce un acquittement devrait s'en réjouir. Pourquoi n'est-ce pas toujours le cas ? J'ajoute qu'à mes yeux l'acquittement d'un coupable ne

relève en rien d'un cataclysme judiciaire.
D'abord, parce que ce genre d'événement doit
permettre aux authentiques innocents de rester
sereins. Ensuite, parce qu'il montre que la justice a bien fonctionné, qui n'a pas condamné
sans preuve.

*
* *

Aux assises, le président reste l'acteur central.
Son rôle est immense – c'est bien un acteur, pas
un arbitre comme il devrait pourtant l'être.
L'indépendance de n'importe quel magistrat du
siège[1] repose notamment, d'un point de vue
technique, sur son inamovibilité : quoi qu'il
décide, il ne peut pas être viré de son poste,
sauf manquement évident à la déontologie ou
problème psychiatrique sévère. Or, les présidents d'assises, ceux à qui sont confiés les dossiers les plus lourds, sont des travailleurs

---

1. Les magistrats du siège (ainsi dénommés parce
qu'ils restent assis pendant les audiences) sont ceux qui
jugent. Les magistrats du parquet (qui doivent se lever
quand la cour fait son entrée et pour intervenir lors des
débats) sont chargés de soutenir l'accusation. On parle
aussi de magistrature debout par opposition à la magistrature assise.

précaires, des intermittents du prétoire. Ils sont, en effet, désignés avant chaque session par le premier président de la cour d'appel. Certes, en général, ils siègent régulièrement, mais ils ont toujours au-dessus de la tête une épée de Damoclès : s'ils viennent à déplaire, à trop acquitter, le « premier » peut, à tout moment, leur confier d'autres tâches dans le ressort de la cour d'appel. À Paris, l'ancien premier président Jean-Claude Magendie a ainsi mis sur la touche – parce que, selon moi et bien des observateurs, il les trouvait incontrôlables – une brochette de grands présidents d'assises, sous couvert d'une « règle des sept ans » selon laquelle nul ne pouvait exercer les mêmes fonctions au-delà d'un septennat. Exit les Verleene, Coujard, Getti, Mondineu-Hederer… De même, les deux assesseurs sont très souvent choisis parmi de jeunes magistrats : le président n'a pas envie de se faire tenir la dragée haute lors du délibéré par des collègues moins capés. Résultat : les assesseurs comprennent que s'ils souhaitent continuer à siéger aux assises, mieux vaut ne pas chagriner le « patron ».

Article 237 du Code de procédure pénale : « *La date d'ouverture de chaque session d'assises*

ordinaire ou supplémentaire est fixée "sur propo-
sition" du procureur général, par ordonnance du
premier président de la cour d'appel (…) ». Tra-
duction : le procureur général choisit ses présidents. Il connaît le planning de roulement des
uns et des autres – à Paris, ils sont une quinzaine – et peut donc audiencer telle affaire qui
lui importe particulièrement à la date qui lui
convient, sachant qu'il va tomber sur un président répressif, par exemple. Il « propose » son
calendrier au premier président, mais en réalité
les deux chefs de cour se concertent. Les justiciables ne choisissent pas leurs juges mais l'institution, elle, choisit soigneusement les juges
qu'elle leur destine. Au sein du parquet général,
hiérarchisé, le représentant du ministère public
est désigné par le procureur général, ce qui est
logique. Mais comment expliquer qu'un avocat
général aussi fin et talentueux que Philippe
Bilger ait été, en son temps, systématiquement
tenu à l'écart de la cour d'assises spécialement
composée, compétente en matière de terrorisme,
sinon par le fait que pour ses chefs successifs
il n'était pas fiable, car trop indépendant
d'esprit ?

Étant le seul, parmi les juges, à avoir connaissance de l'intégralité de la procédure avant le procès, c'est le président qui construit le calendrier de l'audience, décide d'aborder les faits avant la personnalité de l'accusé ou l'inverse, ce qui n'est pas neutre. Imaginons un dossier avec des faits particulièrement horribles, mais un accusé dont le parcours incite à la bienveillance : si les jurés se retirent avec, fraîchement à l'esprit, les déclarations favorables des « témoins de moralité », ce n'est pas la même chose que s'ils commencent à délibérer avec, en tête, le récit horrifiant de l'autopsie ou les certitudes accusatrices du policier responsable de l'enquête qui a mené l'accusé dans le box.

Le président est aussi le grand ordonnateur des débats. Il fixe l'ordre des témoins. Peut, s'il le décide, faire entendre quiconque en vertu de son pouvoir discrétionnaire. C'est lui qui pose les premières questions à l'accusé, aux témoins, aux experts et, de la sorte, impose une tonalité aux auditions. Il dispose bien entendu de la police de l'audience, c'est-à-dire qu'il tranche tous les conflits, décide du sort des incidents soulevés par les parties. Pendant les suspensions, il est en contact permanent avec les jurés qui, tout naturellement, vont se tourner vers lui pour obtenir un décryptage de telle ou telle séquence qui aura pu les troubler : cette proximité constitue un atout essentiel pour imposer un point de vue, faire basculer un verdict incertain. J'ai surpris à plusieurs reprises, dans une cour d'assises, une scène cocasse : un président remettait à l'avocat général les contraventions de stationnement que lui avaient confiées les jurés. Connivence entre les deux magistrats. Perte d'indépendance des jurés vis-à-vis du représentant de l'accusation, dont ils deviennent les débiteurs. Mélange des genres inadmissible, encouragé par les professionnels pour mieux assurer leur mainmise sur les « juges d'un jour ».

Enfin le président participe, avec ses deux assesseurs, au délibéré et même si, sur le papier, sa voix n'est pas prépondérante, son autorité – quelle que soit la manière dont il l'exerce – lui confère une place à part dans cette égalité théorique des juges. Comme disait l'humoriste, il est plus égal que les autres. Lors du délibéré, jurés et magistrats discutent, confrontent leurs points de vue, puis votent à bulletins secrets, d'abord sur la culpabilité puis, le cas échéant, sur la peine. Depuis le 1er janvier 2012, il suffit, en première instance, de quatre voix contre la culpabilité (les abstentions sont considérées comme telles) pour arracher l'acquittement. J'affirme que dans un dossier où la preuve peut être sérieusement discutée, le président a les moyens de faire condamner ou acquitter qui il veut.

La participation des magistrats professionnels au délibéré a été introduite dans la loi sous le régime de Vichy. Auparavant, les jurés tranchaient seuls la question de la culpabilité et des éventuelles circonstances atténuantes – André Gide, qui fut juré, le raconte merveilleusement dans ses *Souvenirs de la cour d'assises*. Dans un deuxième temps, les magistrats évaluaient la peine, tenus par la décision préalable : si le jury avait accordé les circonstances atténuantes, pas question de condamner à mort. Sans parler des pays anglo-saxons, ce système reposant sur la séparation des isoloirs reste de mise dans certains pays proches de la France, comme la Belgique.

Mais en France, le président de la cour d'assises est un personnage considérable ; les temps ne sont finalement pas si lointains où une escorte de gendarmes à cheval allait l'accueillir, sabre au clair, aux frontières du département, la veille de l'ouverture de la session… Moi, j'aime les grands présidents d'assises. Cet amour-là n'est pas galvaudé, tant ils sont rares. Le grand président se reconnaît quasi instantanément à l'ouverture des débats. C'est celui qui se montre sobre dans leur conduite. Qui reste scrupuleusement à la même distance de l'accusation et de la défense. Qui se comporte davantage en arbitre qu'en protagoniste. Qui évoque tout le dossier, sans rien en tronquer. Qui attend d'être convaincu, quitte à faire litière de l'opinion que, forcément, il s'est forgée en lisant le dossier. Qui, au bout de quinze jours d'audience, n'a jamais laissé transparaître sa position personnelle, ne serait-ce que par un soupir, un haussement d'épaule, un clignement d'œil. Rien n'est neutre, aux assises, le lieu par excellence de la théâtralisation totale où l'on juge, dans un décorum étouffant, les auteurs présumés de crimes. On y décortique des actes souvent indicibles, mais en oubliant la plupart du temps que le crime, pour reprendre l'expression de Robert Badinter, c'est aussi « *le lieu géométrique du malheur humain* ».

Je suis fasciné chaque fois que je rencontre un magistrat d'exception qui se dépouille de tous ses a priori. Au premier procès des assassins du préfet de Corse, Claude Érignac, qui s'est tenu en l'absence d'Yvan Colonna, je défendais Jean Castela. Celui-ci, un professeur agrégé de géographie résidant à Bastia, était accusé d'être, avec son ami professeur de mathématiques Vincent Andriuzzi, un des commanditaires du crime commis à Ajaccio le 6 février 1998. Le président glissait sur toutes les zones d'ombre de l'enquête qui étaient pourtant nombreuses quant à l'existence d'une prétendue « cellule nord » constituée d'intellectuels bastiais. Au procès en appel de Jean Castela et de Vincent Andriuzzi, un autre président s'y est arrêté. Notamment sur un procès-verbal de police daté du mois d'août 1998 et faisant état d'éléments survenus… deux mois plus tard. Cela donne, pour les deux accusés, trente ans en première instance, et un double acquittement en appel pour l'assassinat du préfet Érignac.

La commission Léger, l'une des innombrables commissions créées pour réfléchir à notre politique pénale et dont les conclusions sont oubliées sitôt déposées, préconisait que le président de la cour d'assises devînt un arbitre, assurant l'équité entre les parties. Mais, comme l'a écrit Dominique Coujard, ancien président de la cour d'assises de Paris, comment peut-on se comporter en arbitre quand on arbore le même maillot que celui d'une des équipes – celle de l'accusation, bien évidemment ?

Il est grand temps de réviser de fond en comble le fonctionnement des assises, d'instaurer l'égalité des armes entre des parties soumises à l'arbitrage impartial d'un magistrat qui dirige les débats sans les orienter, et surveille le bon déroulement du délibéré sans y participer. Pour cela, il est impératif de séparer les magistrats du siège (ceux qui jugent) et ceux du parquet (ceux qui poursuivent). Actuellement, ils nichent dans le même arbre judiciaire, sautent d'une branche à l'autre au gré des besoins de leur carrière. Le juge d'aujourd'hui est souvent le procureur de demain : comment peut-il faire croire qu'il est impartial ? À Rennes, un président m'a expliqué qu'il avait reçu un magistrat anglais dans le cadre d'un stage d'observation. À l'issue d'un procès d'assises, le visiteur lui avait demandé : « *À quoi sert l'avocat général, vous avez déjà le président ?* » Comme on le dit souvent entre professionnels de la justice : quand on pince le procureur, c'est le président qui fait « aïe ».

Je rencontre souvent des présidents médiocres, parfois des présidents tricheurs. Il y en avait un, dans le Sud, que j'ai affronté pendant des années. Il établissait avec les jurés une connivence qui allait bien au-delà de l'acceptable. Un jour, alors que je bavardais avec Jean-Louis Pelletier pendant une suspension, nous l'avons entendu chanter, derrière une porte, un air d'opéra au jury : « *Qu'est-ce que tu veux qu'on fasse contre ça ?* » a soupiré Jean-Louis. Face à ce président-là, je n'ai jamais obtenu le moindre résultat. Voici ce qu'écrivait André Gide, tirant les leçons de son expérience de juré à la cour d'assises de la Seine-Inférieure, il y a tout juste un siècle : « *Il m'a paru que les plaidoiries faisaient rarement, jamais peut-être (du moins dans les affaires que j'ai eues à juger) revenir les jurés sur leur impression première — de sorte qu'il serait à peine exagéré de dire qu'un juge habile peut faire du jury ce qu'il veut.* » Je suis persuadé que Gide n'écrirait pas autre chose aujourd'hui.

Il m'est arrivé une fois de regarder là où c'est défendu : dans la salle des délibérés. L'affaire est rocambolesque. J'intervenais à Amiens dans un dossier très difficile, avec mon ami Hubert Delarue. Nous avions plaidé tard, la nuit était tombée, le verdict allait s'abattre à pas d'heure : épuisé, je suis allé faire un petit somme dans ma voiture, garée sur le parking du palais de justice.

Soudain, Hubert vient me réveiller. Il m'entraîne dans les couloirs jusque devant une fenêtre. De celle-ci, en regardant les vitres de l'immeuble d'en face, nous voyions le reflet de ce qui était en train de se passer dans la salle des délibérés. Le spectacle était saisissant : le président, debout, faisant des moulinets avec ses bras, haranguait les jurés. Un cameraman a immortalisé cette émouvante séquence de prise en main du jury, qui a été diffusée le lendemain sur France 3. Quand la cour est revenue, je me suis fait donner acte de ce que le secret du délibéré avait été violé. J'ai formé un pourvoi en cassation (il sera rejeté). Mais dès le lendemain de l'épisode, on a posé des rideaux aux fenêtres de la salle des délibérés.

J'en reviens à ce président mélomane : pour mieux affaiblir les accusés, il les interrogeait en utilisant une sorte d'humour d'autant plus malvenu que son interlocuteur n'était jamais en mesure de répliquer. Par exemple, au lieu de demander à mon client, sobrement : « *Quel est votre parcours professionnel ?* », il faisait, avec un grand sourire, la question et la réponse : « *On ne va pas passer beaucoup de temps sur les témoignages de vos employeurs, hein, car vous n'avez jamais travaillé...* » La manière dont les questions sont posées est capitale. Demandez à un curé si l'on peut fumer en priant, il vous répondra non. Mais demandez-lui si l'on peut prier en fumant, il répondra oui.

J'ai appris à me méfier des présidents patelins, ceux qui, entre deux portes, vous laissent entendre que le meilleur résultat est à portée de main, quitte, parfois, à dire du mal de l'avocat général. Il m'est arrivé une mésaventure qui m'a plongé dans une rage folle. J'intervenais en appel, avec mon ami Thierry Herzog. Lui était déjà présent, seul, à la première instance qui avait vu la condamnation de l'accusé. Le président de la cour d'appel nous prend à part tous les deux et nous murmure que l'acquittement est jouable, mais qu'il ne faudrait pas que cela vexe Me Herzog, pour qui il a beaucoup d'estime... Je rassure immédiatement le président et lui précise qu'il n'y a pas l'ombre d'une divergence entre Thierry Herzog, qui confirme, et moi-même. Nous sommes par ailleurs sidérés, Thierry et moi, par cette conversation. Plus tard, après le réquisitoire, le magistrat nous glisse : « *Rappelez que le ministère public a la charge de la preuve.* » Nous plaidons, gonflés d'espoir. Le verdict tombe : dix-huit ans de réclusion criminelle.

Le soir du verdict, à un cocktail de l'Association de la presse judiciaire, le président vient vers moi, air satisfait, mine enfarinée, nœud papillon narquois. Avant qu'il ait eu le temps de m'adresser le moindre mot, je lui enjoins de rester à distance et lui rappelle, en termes peu amènes, que personne ne lui avait demandé de nous dire ce qu'il avait cru bon de nous confier. Quelque temps plus tard, des jurés nous ont contactés, Thierry Herzog et moi, nous affirmant qu'ils avaient été scandalisés par les modalités du délibéré, parce que ce président avait remué ciel et terre pour obtenir la condamnation, en s'attachant à discréditer les avocats de la défense. Cela me rappelle une autre anecdote : dans une affaire, un juré m'avait approché pour me révéler qu'au délibéré, le président avait fait circuler un numéro du *Nouvel Observateur* qui publiait un article consacré aux honoraires des avocats pénalistes. Comment donc un innocent présumé et impécunieux pouvait-il s'offrir les services d'un conseil aussi cher que Dupond-Moretti ?

*
* *

Le président est également le maître du rythme de l'audience. Une gestion habile des suspensions peut entraîner des effets concrets sur l'issue du procès. J'étais intervenu dans un dossier de viol collectif. La victime était une jeune femme. Face à elle, dans le box, se tenaient quatre garçons qui niaient. La victime s'exprimait avec beaucoup d'émotion et je me suis rendu compte que la présidente s'arrangeait pour suspendre après chacune de ses interventions. À un moment, l'un des accusés s'est, lui aussi, exprimé de manière très émouvante, les débats se sont poursuivis. J'ai dit à la présidente : « *Je remarque que vous ne suspendez pas...* » Parce qu'à cet instant, il me paraissait capital de souligner, à l'intention des jurés, l'existence d'une mise en scène destinée à faire pencher le fléau de la balance du côté de la partie civile. Quand le président n'est pas loyal, la défense s'épuise à rester vigilante.

Une autre fois, j'intervenais à Versailles. Après ma plaidoirie, je me retrouve à la machine à café avec quatre dames, jurées, qui avaient siégé dans d'autres affaires de la session et étaient restées, par intérêt pour l'œuvre de justice, afin d'assister aux débats où j'avais pris ma part mais pour lesquels elles n'avaient pas été tirées au sort. On papote un peu, l'une d'elles me dit : « *Finalement, vous êtes gentil...* »

Moi : « *Pourquoi, "finalement" ?* »

Elles m'expliquent que la présidente avait annoncé mon arrivée aux jurés convoqués pour la session en brossant de ma personne un portrait détestable. Ce type de procédé déloyal m'inspire un profond dégoût. Je sais aussi que certains présidents, ayant constaté lors de la première affaire de la session que tel ou tel juré s'était montré récalcitrant au cours du délibéré, demandent à l'avocat général de le récuser lors du tirage au sort suivant. Échange de bons procédés entre le siège et le parquet. Aberration du maillot unique. Dans un autre ordre d'idée, mais qui dit bien le danger d'une trop grande proximité entre les magistrats professionnels et les juges tirés au sort pour le temps d'une session, des jurées m'ont affirmé leur certitude d'avoir vu leur nom sortir de l'urne parce que le président les trouvait jolies et profitait de la session pour les courtiser. Il faut savoir que, dans un premier temps, le président introduit dans l'urne les jetons où sont inscrits les noms des jurés proposés, puis ensuite tire au sort un à un les jetons de ceux qui feront office de jurés lors d'une session. En l'occurrence, le stratagème employé par le président séducteur était

111

simple. Lors de l'introduction de « tous » les jetons, il gardait au creux de la main celui qui correspondait à la jeune femme qu'il voulait voir siéger auprès de lui. Puis, au moment du tirage au sort, il replongeait cette main dans l'urne et le tour était joué : il exhibait le jeton caché et lisait le nom de celle qu'il souhaitait conquérir !

La plupart du temps, on juge quatre ou cinq affaires dans une session d'assises. Il est rare qu'un avocat intervienne dans plusieurs. Mais le président les examine toutes et le représentant du ministère public, souvent, ne quitte pas son poste : il se tisse forcément entre eux et les jurés un lien singulier, une relation dont l'avocat est exclu.

L'impartialité, qualité primordiale du président, ne se décrète pas plus qu'elle ne se revendique : elle s'impose naturellement, comme une évidence, quand elle est à l'œuvre. Au cours d'un procès, aux assises du Tarn-et-Garonne, à Montauban, je m'accroche avec le président. Celui-ci me dit : « *Je suis impartial.* »

Moi : « *Je me trouve très beau.* »

Le magistrat, bien sûr, est tout interloqué. Je lui explique alors – je l'explique surtout aux jurés – que l'impartialité, c'est comme la beauté : il faut laisser aux autres le soin d'en juger.

Les dérapages peuvent, parfois, aller très loin. Il y avait jadis un président d'assises qui semblait attiré par certains des accusés qu'il jugeait. Il lui arrivait d'aller les voir en prison lorsqu'ils avaient été condamnés, ce qui n'est pas banal – pas légal, non plus. Dans une affaire que j'ai plaidée, il y avait deux jeunes accusés à qui l'on reprochait d'avoir commis les mêmes faits. L'un était un garçon blond, l'autre était d'origine maghrébine. À responsabilité égale, le premier a pris neuf ans de prison, le second dix-huit ans de réclusion criminelle. La défense a protesté et, fait rarissime, le ministère public aussi. Une enquête a permis de découvrir que le magistrat vivait avec un homme qui se prostituait et payait le loyer de leur domicile. Pour mes clients, cela s'appelle du proxénétisme. Pour le président, cela s'est traduit par une mise à l'écart des assises sous la forme d'une promotion dans une autre juridiction.

À l'époque où elle était garde des Sceaux, j'ai été invité à rencontrer Marylise Lebranchu. Je lui ai conseillé d'envoyer des émissaires dans les audiences lambda, pour voir comment les justiciables y étaient traités. Je lui ai raconté ces magistrats qu'on sent jouir de leur position dominante face à des prévenus ou des accusés qui n'ont pas le certificat d'études, qui font des bons mots au détriment du box qui n'a pas de repartie — en aurait-il qu'il prendrait un risque inouï à l'utiliser aux dépens de son juge. L'avocat doit faire son choix : la connivence voire la complaisance, ou le coup de gueule pour rétablir un certain équilibre. J'ai choisi la seconde voie.

– 7 –

Rapport de forces

Il n'y a pas, pour la défense, trente-six manières de se tenir, à la cour d'assises. Soit le président montre, dès le début de l'audience, qu'il sera un juge loyal et que, par conséquent, ses assesseurs et les jurés suivront son exemple : le respect mutuel impose un ton, une attitude, une retenue, et dans ce cas la provocation, l'outrance, la complaisance affichée pour un ton querelleur, l'ironie systématique sont bannies comme autant de fautes qui nuisent à l'accusé. Soit l'attitude du président, ses propos, m'indiquent dès le début de l'audience que la messe est dite : je suis contraint, coûte que coûte, de contrarier la chronique d'une condamnation annoncée.

Certains voient en moi un terroriste des prétoires. Mais je ne terrorise que les imbéciles.

Mes rapports avec les magistrats sont de deux sortes. Première possibilité : le respect mutuel. Le contradictoire s'exprime naturellement, le président lui-même l'appelle de ses vœux. Second cas de figure : l'audience est programmée pour se dérouler à sens unique, le chemin de la condamnation est, à l'évidence, balisé. Cela se sent très vite. À l'occasion, par exemple, du refus d'une courte suspension en fin de matinée. Ou quand le président donne la parole au ministère public avec une exquise urbanité, quand il coupera tout à l'heure, en soupirant, le questionnement de la défense d'un « *Encore une question, Maître ?* » qui suggère aux jurés que cela ne sert à rien. Ou bien quand, immédiatement, quelques indices qui ne trompent pas indiquent sinon que les dés sont pipés, du moins que le danger existe d'être roulé dans la farine : il n'y a plus que le rapport de forces. L'avocat n'a pas d'autre choix que de prendre des risques pour se faire respecter, pour que le jury entende la parole de celui qu'il défend. Cela vaut quel que soit le cas de figure, que l'on plaide l'acquittement ou qu'on s'efforce seulement d'obtenir une peine juste. Et le risque est réel, tant le président, les assesseurs et le jury sont imbriqués. Le rapport de forces entre la défense et les juges est, finalement, une affaire de dosage. Il faut trouver la bonne distance, celle qui bénéficiera à l'accusé.

Cela me rappelle la fable des hérissons, racontée jadis par Schopenhauer : à l'arrivée des premiers grands froids, observe le philosophe, ces petites bêtes s'enterrent pour hiberner. Plus elles s'installent les unes près des autres plus elles risquent de se piquer ; mais plus elles s'éloignent, moins elles se réchauffent. Aux assises, c'est la même chose : tout est question de distance, de recul, de respect. Mais la défense ne doit pas hésiter à sortir ses piquants si elle se rend compte qu'on veut l'exclure du nid judiciaire, quitte à passer pour la bête noire du petit monde de la magistrature.

Tout ne se joue pas, aux assises, sur des arguties procédurales. Ce serait trop simple. Ce ne serait pas juste. L'avocat, à ce stade, ne peut se permettre d'apparaître aux yeux des jurés, profanes en la matière, comme un simple chasseur de coup de tampon manquant. Il doit aussi convaincre de ses propres qualités humaines, même quand il défend ce qui peut sembler indéfendable. Il lui faut trouver des mots qui parlent au cœur, à l'âme, à l'intelligence des jurés. Il ne peut pas plaider comme un juriste – et pourquoi pas en latin ?

Cela dit, on n'engage pas une partie de bras de fer au moment de la plaidoirie : c'est trop tard. Le rapport de forces doit s'instaurer très vite. Un coup de gueule : « *Je n'aime pas votre façon d'instruire !* » Une réplique violente à une question agacée du genre : « *Encore une question, Maître ?* » Une demande de se faire « donner acte » par écrit de telle ou telle formule manifestement partiale (aux assises, la procédure est orale ; pour que subsiste la trace d'une révélation ou d'une controverse, dans l'optique par exemple d'un pourvoi en cassation, il faut qu'elle soit actée par le greffier et jointe à la procédure). Un dépôt de conclusions écrites, qui va contraindre la cour à délibérer, sans les jurés, sur un point de droit, à rendre un arrêt, à faire apparaître le spectre, si l'on est en appel, d'une cassation – donc d'un désaveu des magistrats professionnels souvent vécu comme une humiliation plus cuisante encore qu'un acquittement... Le dépôt de conclusions rend nerveux les présidents médiocres et peut les pousser à commettre, inconsciemment, d'autres erreurs. La défense part si peu en position de force qu'elle ne doit négliger aucun moyen pour se faire entendre.

Mais, bien entendu, l'incident pour l'incident ne constitue pas une stratégie payante. Avec les grands présidents, il n'y en a d'ailleurs jamais. Même chose avec les policiers : dans un commissariat, ce sont toujours les mêmes qui, comme par hasard, se prétendent outragés... Quand je me lance dans ce processus, je dois être certain de gagner et expliquer aux jurés, bien qu'ils n'aient pas à se prononcer là-dessus, pourquoi je le fais ; à la suspension, le président ne se privera pas de leur parler de « défense de rupture », un terme qui n'a plus aucun sens depuis des années, une méthode, nous l'avons vu, que je n'ai en tout cas jamais appliquée et qui n'a pas pour objectif d'obtenir une peine moindre. Je passe déjà souvent pour un terroriste – j'ai appris à m'en accommoder. Si je perds sur un incident, je passe pour un terroriste malhonnête et cela, je ne peux pas me le permettre parce que, terroriste ou non, les jurés ne doivent pas douter de ma sincérité, qui est entière.

*
* *

Instaurer le rapport de forces, c'est l'arme de l'avocat pour imposer un partage équitable de l'espace judiciaire qui lui est refusé. Ce partage doit alors se faire « de force » d'autant que le procès commençait, jusqu'au 1er janvier 2012, par un acte fondamentalement inéquitable : la lecture de l'acte d'accusation, document à charge qui n'est souvent qu'un copier-coller du réquisitoire écrit du parquet, signé par le juge d'instruction. De sorte que dès l'ouverture des débats, la défense avait un handicap terrible à combler[1].

Il ne faut rien laisser passer, ni courber l'échine devant un asticotage pernicieux de la cour. Avec mon ami Dehapiot, je défends en 2003, aux assises de Seine-Saint-Denis, un homme accusé de braquage. Dossier difficile : mon client est fiché au grand banditisme et, d'après l'accusation, son ADN, la « reine des preuves », a été retrouvé sur les lieux du forfait[2]. C'est l'été, il fait chaud. À la suspension, j'achète une canette d'eau pétillante bien fraîche au distributeur et, à la reprise, je la pose sur mon pupitre. La présidente, du bout du doigt, désigne la canette et chevrote : « *Maître, Maître...* », comme si je devais instantanément comprendre que j'avais gravement failli aux règles de la bienséance. Je fais d'abord mine de ne pas saisir le sens de sa pantomime, puis lui dis : « *Ben oui,*

---

1. Depuis cette date, l'ordonnance de mise en accusation n'est plus lue à l'audience, le président étant chargé de présenter le dossier de manière neutre et plus concise.

2. Voir chapitre 5.

il n'y avait pas de Fanta », et je vois que plusieurs jurés rient sous cape. Il n'est pas question que le président prenne ainsi un ascendant psychologique en traitant un avocat comme un gamin : je le dis à la présidente, lui rappelant que je n'ai plus quatre ans, que nous ne sommes pas sous le préau de l'école et qu'elle n'est pas mon institutrice.

À Carcassonne, j'intervenais en appel avec mon camarade montpelliérain Jean-Robert Phung, pour un jeune homme accusé d'avoir tué son ex-amie et le bébé de celle-ci. Le procès commence un lundi, dans un climat très singulier. Le président, ancien juge d'instruction qui avait eu jadis son quart d'heure de célébrité dans le dossier Clearstream – la presse avait surnommé les deux magistrats instructeurs « Zig et Puce », le président était l'un d'eux – me semble assez mal disposé vis-à-vis de la défense, mais c'est un sentiment personnel. Quant à l'avocat général, il paraît psychologiquement éprouvé et, pour tout dire, à la limite de la dépression nerveuse. Je m'étais rendu compte qu'un scellé capital dans un pareil dossier n'avait jamais été analysé : celui qui contenait les ongles de la victime. Je demande donc qu'il soit produit et là, on me répond qu'il s'est égaré. J'exige qu'on le retrouve. On le cherche et on finit par mettre la main dessus. Le jeudi matin, la défense dépose des conclusions écrites aux fins d'analyse. La cour se retire pour délibérer vers 10 heures. Et cela dure, dure, dure… Vers midi, l'avocat général paraît et nous informe, Me Phung et moi-même, que le procès va être suspendu jusqu'au lundi car le laboratoire s'est engagé à effectuer le travail d'ici là. Je lui demande, très brutalement : « *Comment le savez-vous, le délibéré n'a pas été rendu ?* » Un magistrat du parquet ne peut en aucune façon connaître la teneur d'un arrêt avant que celui-ci n'ait été rendu publiquement par ses collègues du siège. C'est la règle. Je sais qu'elle est parfois transgressée – après tout, on est en famille –, mais les parquetiers font bien attention à ne pas le montrer. Or, dans le cas présent, la cour n'était pas encore revenue faire connaître sa décision que le ministère public en était informé.

Comprenant qu'il a commis une bourde, l'avocat général repart dans la coulisse. Et l'attente reprend, interminable. La cour ne revient qu'à 15 heures. Le président, tendu, annonce que le procès est suspendu jusqu'à… mercredi, date à laquelle les expertises biologiques seront produites. Je demande la parole et explique que le secret du délibéré a été violé par l'avocat général. Celui-ci confirme qu'il était entré dans la salle où s'étaient réunis le président et ses deux assesseurs. Je dépose alors un autre jeu de conclusions au sujet de cette violation. À ce stade, le président comprend qu'il a perdu la maîtrise des débats, et renvoie l'affaire à une autre session.

Je ne sais pas pourquoi si peu d'avocats emploient la stratégie de la tension. Pour ne pas se faire taxer de terroristes ? Je connais la procédure qui, paradoxalement, constitue l'ultime rempart de la défense alors qu'elle a été inventée surtout pour profiter à l'accusation. Lors d'un procès en appel, aux assises de Paris, je remarque qu'à la suite d'une suspension, l'un des jurés titulaires, qui siégeait depuis le début du procès, a été remplacé par un suppléant. Or, cette substitution, qui ne pose pas en soi de difficulté, doit faire l'objet d'un arrêt. Un arrêt de pure forme, mais un arrêt quand même. Je demande au président de me donner acte de cet oubli. Suspension. Au retour, il me dit qu'il a demandé conseil à la cellule de veille de la Cour de cassation, composée de magistrats dont le but est d'aider les présidents d'assises à éviter la cassation – on essaye d'arranger les coups avant même que le pourvoi ne soit formé. Je demande alors qu'il me soit donné acte de l'existence de cette cellule dont tout le monde connaît l'activité bien que, officiellement, elle n'existe pas. Le président refuse. Je lui dis que « *ça passera à Paris, mais pas à Strasbourg* », agitant la menace d'un hypothétique arrêt de la Cour européenne des droits de l'homme, le seul gendarme qui fasse peur à l'institution judiciaire française. Des amis, présents dans la salle à ce moment, m'ont confié qu'ils m'avaient trouvé trop brutal, que j'avais à l'excès cherché à écraser le président. Ils ont sans doute raison. Mais mon client a été acquitté.

*
* *

La procédure pénale est censée garantir les libertés individuelles et elle est régulièrement bafouée. La défense rencontre de grandes difficultés à faire valoir ses droits quand une violation a eu lieu. Deux chiffres parlent d'eux-mêmes : devant la Cour de cassation, 2 % des dossiers sont cassés en matière pénale, contre 28 % en matières civile et commerciale. Soit les juges du pénal sont quatorze fois meilleurs que leurs collègues, soit la juridiction suprême néglige quatorze fois plus les règles fondamentales au pénal. La totalité des innovations allant dans le sens des libertés individuelles nous sont imposées par la Cour européenne, alors que la France, qui se targue d'être le pays des Droits de l'homme, devrait montrer le chemin aux autres nations. Je pense que des avocats qui ont fait leurs preuves devraient pouvoir rejoindre, en fin de carrière, la Cour de cassation comme, dans les pays anglo-saxons, les membres les plus respectés du barreau deviennent des juges.

Quand un avocat obtient la remise en liberté d'un probable coupable après avoir soulevé victorieusement un problème de procédure, on le considère comme un voyou judiciaire. Dans un reportage télévisé qui lui est consacré, l'ancien procureur de la République d'Ajaccio, José Thorel, se fait filmer alors qu'il explique à un officier de police judiciaire les règles de la garde à vue (voir le chapitre 9, « Coup fourré »). Il raccroche son téléphone et dit au journaliste que si un avocat découvrait une garde à vue illégale, celui-ci soulèverait la nullité et, sainte horreur, le parquet « *l'aurait dans le cul* » (sic). Curieuse appropriation charnelle des règles qui garantissent aux citoyens le respect de leur liberté individuelle…

L'opinion publique n'est pas en reste. Mon tiroir regorge de lettres anonymes peu spirituelles mais très injurieuses à mon endroit sur ce thème. En revanche, lorsque l'institution triche avec la procédure – comme dans l'affaire des anarchistes toulousains du chapitre 6 – on la traite avec mansuétude parce qu'on va considérer que c'est pour la bonne cause. Les futurs magistrats ont pourtant appris, sur les bancs de la faculté qu'ils ont lustrés à côté des futurs avocats, la différence fondamentale entre le droit et la morale. La procédure pénale est un outil commun au procureur, au juge et à l'avocat. Elle protège les libertés individuelles, interdit aux magistrats et aux policiers de se transformer en justiciers du Far West, et permet de conduire un coupable à la condamnation dans le respect de ses droits. Je comprends qu'on puisse être choqué d'apprendre que tel dealer présumé a été remis en liberté parce qu'un procès-verbal a été mal rédigé ou qu'un magistrat a oublié de renouveler le mandat de dépôt, mais seule une procédure irréprochable rend la peine sinon juste, du moins justifiée. Du droit, rien que du droit. Parce que, en matière judiciaire, la morale a souvent le visage des évidences trop faciles et les oripeaux de la présomption de culpabilité.

– 8 –

Police

Je connais quelques policiers formidables, mais je me méfie de la police. J'ai trop vu, depuis que je suis avocat, de refus d'obtempérer à la présomption d'innocence, de rébellion contre les droits de la défense, d'outrages à la procédure pénale, pour ne pas considérer a priori qu'une enquête de police (ou de gendarmerie) est inéquitable. Je pourrais raconter des dizaines et des dizaines d'anecdotes qui me donnent raison. Je me contenterai d'une seule.

Appelons-le Ali B. Ce jeune travaille au Havre mais il est originaire du Nord. Il est âgé de vingt ans, de nationalité française, intégré à la société. Son casier judiciaire est vierge. Le 16 août 2001, il se trouve à Courcelles-lès-Lens et se rend à sa banque pour y retirer de l'argent. Puis il remonte dans sa voiture. Soudain, un homme se rue sur lui, fracasse une vitre de son véhicule et tente de l'empoigner. Pris de panique, Ali enclenche la marche arrière, emboutit la voiture stationnée derrière la sienne, repasse la marche avant, emboutit d'autres autos. Des individus surgissent. Ali est extirpé de sa voiture, plaqué au sol, menotté et conduit au commissariat. Ce n'est que lors de cette interpellation qu'il comprend avoir affaire à des policiers. Rapidement, il se rend compte qu'on l'a pris pour un autre, un individu dangereux auquel il ressemble vaguement, sous le coup d'un mandat d'arrêt pour plusieurs vols à main armée.

Les policiers constatent leur méprise. Ils vont donc relâcher Ali, lui présenter leurs excuses, le raccompagner à sa voiture ? Pas du tout : ils le placent en garde à vue, car il a dégradé d'autres véhicules et refusé de se laisser interpeller. Ali est déféré chez un juge de Béthune, qui envisage de le faire placer en détention provisoire mais le juge des libertés et de la détention[1] s'y

---

1. Le juge d'instruction ne décide pas du placement en détention provisoire. S'il estime celui-ci opportun, il saisit un autre magistrat, le juge des libertés et de la détention (JLD) qui statue au terme d'une audience à

oppose. Il est vrai qu'entre-temps, la famille du faux braqueur est arrivée avec une liasse de témoignages selon lesquels le fonctionnaire qui, le premier, avait sauté sur Ali, ne portait aucun brassard de police : le jeune homme, de bonne foi, pensait qu'il se faisait lui-même braquer au sortir de sa banque... Il reste libre mais se retrouve tout de même mis en examen. Une enquête de l'Inspection générale de la police nationale (l'IGPN, la « police des polices ») est diligentée. En voici les grandes lignes.

« ***Rappel des faits.*** *Le 16 août 2001, des effectifs en civil du Service d'investigations et de recherches du CSP[1] de Douai, dirigés par le commissaire B., assistés d'effectifs en civil de la Sûreté départementale du Nord, dirigés par le commissaire divisionnaire E., agissant dans le cadre de la commission rogatoire délivrée par M. L., juge d'instruction au TGI de Douai pour des faits de recel de vol en bande organisée, se transportaient sur la commune de Courcelle-lès-Lens (62) aux fins de procéder à l'interpellation d'un dénommé Z.*

laquelle participent l'avocat du mis en examen et un représentant du parquet.

1. Circonscription de la sécurité publique.

Sur place, un fonctionnaire du Service d'investigations et de recherches de Douai apercevait, se dirigeant vers le centre-ville, un véhicule Peugeot 306 bleu dont le conducteur correspondait au signalement de Z. (…) Un dispositif de surveillance était mis en place afin de procéder à l'interception du véhicule et de contrôler l'identité du conducteur. Le véhicule était intercepté par deux équipages de la Sécurité départementale à bord de véhicules banalisés. Le gardien de la paix D., brassard "Police" autour du bras et muni de son bâton de police à poignée latérale sommait le conducteur de couper le contact et de descendre du véhicule. Après quelques instants d'hésitation, le conducteur du véhicule effectuait une marche arrière puis repartait en avant, heurtant l'un des véhicules intercepteurs. Il repartait en marche arrière, heurtant un deuxième véhicule de la Sûreté départementale arrivé en renfort, puis un véhicule Audi en stationnement et finissait sa course dans un véhicule Clio qu'il heurtait violemment. Au cours de cette progression en marche arrière, le gardien de la paix H. du SIR de Douai se trouvant sur la trajectoire, son collègue, le gardien de la paix B. tirait un coup de feu en direction du véhicule afin de le protéger. Le projectile atteignait l'aile avant droite du véhicule Peugeot 306.

Le conducteur du véhicule était interpellé, il s'avérait se nommer Ali B. et non Z. Entendu, M. B.

déclarait que venant de retirer une somme d'argent en espèces à la Caisse d'épargne, il avait pensé être victime d'une agression. En effet, tout en reconnaissant sa responsabilité dans les dommages causés, il affirmait ne pas avoir refusé d'obtempérer mais que l'homme muni d'une matraque qui s'était dressé devant son véhicule ne portait pas de brassard "Police", ni ne l'avait entendu prononcer le mot "police" (…).

L'enquête. Audition du commissaire divisionnaire E. *(…) Se trouvant en retrait, il s'était approché du lieu de l'interpellation et avait aperçu le gardien de la paix D., le brassard "Police" autour du bras, tenant son tonfa[1] à la main, face au véhicule 306, et l'avait entendu prononcer le mot "police" et enjoindre au conducteur de se ranger. Puis, il avait vu le gardien de la paix D. porter des coups à l'aide de son tonfa sur le pare-brise du véhicule alors que le conducteur avait enclenché la marche arrière puis la marche avant (…). Il avait entendu une détonation mais n'avait pas pu voir qui avait tiré. Le conducteur du véhicule 306 bleu, s'avérant être par la suite Ali B., avait été extrait du véhicule puis plaqué au sol et menotté. M. E. a*

---

1. Arme en polymère utilisée par les forces de l'ordre.

131

*formellement affirmé que le gardien de la paix D.
était muni de son brassard "Police" et que les deux
véhicules banalisés ayant procédé à l'interpellation
avaient les plaques "Police" abaissées. Il a déclaré
que les fonctionnaires intervenant étaient porteurs
soit du brassard "Police" soit d'un blouson en nylon
couleur noire marqué "Police" dans le dos et au
niveau de la poche extérieure gauche. Le commissaire
B. a confirmé les déclarations de M. E. (…)*

*L'audition du gardien de la paix D. (…)
Il a affirmé qu'il était descendu du véhicule Saxo
dont il était le passager après avoir abaissé la
plaque "Police", le brassard autour du bras et muni
de son bâton de police à poignée latérale. Après avoir
crié "Police", il avait sommé le conducteur de la
306 de couper le contact et de descendre de son
véhicule (…). Il avait porté des coups à l'aide de
son tonfa sur le pare-brise de la 306 (…).*

*Les auditions des témoins. M. S. nous a
déclaré qu'il se trouvait au volant de son véhicule
lorsqu'il a aperçu (…) trois véhicules banalisés blo-
quant le passage de la voiture qui le précédait. Des
hommes en civil, porteurs de blousons, étaient des-
cendus de ces véhicules et avaient porté des coups de
matraque sur la voiture qui le précédait tout en
ordonnant au conducteur de sortir. Sur le moment,*

il n'avait pas identifié ces hommes comme des policiers, n'ayant pas aperçu de brassards "Police", ni vu de gyrophares, ni entendu de sirènes, et avait pensé à une agression. Les autres témoins (…) avaient vu des hommes en civil qu'ils n'avaient pas identifiés immédiatement comme policiers (…).

Conclusion. *Les investigations diligentées n'ont pas permis d'établir que M. Ali B. n'était pas vraiment en mesure d'identifier immédiatement le gardien de la paix D. en tant que policier ainsi que d'apercevoir les plaques "Police" intérieures des deux véhicules banalisés lui ayant bloqué le passage. Cependant, en l'état actuel de notre enquête, l'hypothèse que certains éléments avaient pu effectivement semer le doute dans son esprit au point, du moins dans la première phase de l'intervention, de penser qu'il n'était pas en présence de policiers, semble pouvoir être envisagée.*

1. La soudaineté de l'intervention (…).

2. La présence de la matraque dans la main du gardien de la paix D. ayant pu accaparer sa perception visuelle de l'action menée.

3. Le fait qu'il était porteur d'une somme d'argent en espèces conséquente.

4. Qu'il ne se connaissait aucune raison personnelle pouvant motiver une interception de son véhicule par des effectifs de police en civil (…).

5. *L'intervention vigoureuse du gardien de la paix S. non muni de signes apparents de sa qualité de policier brisant sa vitre avant gauche à coups de crosse de revolver.*

Par contre, nous pensons qu'au cours de sa marche arrière (…) il n'avait pas pu ne pas s'en rendre compte (…). Cependant, il est possible que, pris de panique, il ait alors perdu le contrôle de son véhicule. L'enchaînement des événements nous semble donc être le fait d'une double méprise. En premier lieu, l'incapacité pour Ali B. d'admettre qu'il pouvait être l'objet d'une interception par des policiers en civil et la rapidité de sa réaction afin de tenter de s'enfuir. En second lieu, son comportement dangereux ayant fini de convaincre les fonctionnaires de police qu'ils se trouvaient bien en présence de l'individu recherché. »

Pour l'avocat que je suis, ce rapport de la « police des polices », dont on appréciera les termes prudents, dédouane, en tout point, Ali B., victime à l'évidence d'une méprise. C'est donc relativement confiant que je me présente avec lui au tribunal correctionnel de Béthune, le 4 novembre 2003. Ali B. reste tout de même poursuivi pour refus d'obtempérer, dégradations volontaires, violence aggravée, blessures involontaires. Le représentant du parquet requiert la relaxe. Dans son jugement du 25 novembre 2003, le tribunal reconnaît, sur la foi du rapport de l'IGS, que les explications d'Ali sont crédibles et retient la thèse de la double méprise. « *Il a agi par l'effet d'un état de nécessité et sans intention de commettre les délits qui lui sont reprochés* », affirme le jugement. Ali est relaxé.

Fin de l'histoire ? Non ! Le procureur de la République, chef hiérarchique du substitut[1] qui avait requis la relaxe à l'audience, fait appel de cette relaxe. Selon un adage bien connu au parquet, « *La plume est serve mais la parole est libre* » : cela signifie qu'à l'audience, le représentant du ministère public peut s'éloigner, et même prendre le contre-pied des recommandations consignées par écrit au cours de la procédure. Or, dans ce cas précis, le procureur estime que son subordonné est allé trop loin. C'est la raison pour

---

1. Les parquets sont organisés de manière hiérarchisée, auprès de chaque tribunal de grande instance. Ils sont dirigés par un procureur, assisté par un ou plusieurs vice-procureurs et des substituts. Chacun peut, indifféremment, représenter le parquet car celui-ci est par nature indivisible. Les procureurs rendent compte aux procureurs généraux, nommés en conseil des ministres auprès des cours d'appel. Les procureurs et procureurs généraux sont placés sous l'autorité du garde des Sceaux.

laquelle, au nom du parquet, il interjette appel. Le 1ᵉʳ juillet 2004, la cour d'appel de Douai condamne Ali B. à douze mois de prison avec sursis ; il doit aussi rembourser à l'État les frais médicaux du policier blessé lors de son interpellation injustifiée, soit 4972,11 euros. La peine est inscrite à son casier judiciaire.

*
* *

La justice et la police se tiennent la main. La première, trop souvent, se met en quatre pour ne pas froisser la seconde : quel serait son intérêt à fâcher un fournisseur ? Pourtant, le ministre de l'Intérieur et son collègue de la Justice, traditionnellement, sont comme chien et chat. Les syndicats de policiers n'ont pas de mots assez durs à l'encontre des « magistrats laxistes » qui remettent en liberté les dangereux malfaiteurs qu'ils s'échinent, eux, à mettre hors d'état de nuire. Est-ce pour les amadouer que des juges infligent des peines non méritées mais qui, comme par hasard, couvrent la période de détention provisoire purgée par le prévenu, détournant ainsi légalement l'adage « *pas de fumée sans feu* » ? Pourquoi Ali a-t-il été condamné à rembourser des frais médicaux dont la responsabilité, à l'évidence, incombe aux fonctionnaires de police qui ont déclenché son interpellation dans des conditions intolérables ?

Amnesty International a publié un rapport, en 2009, sur « *des policiers au-dessus des lois* ». Voici quelques extraits de sa conclusion.

« Les homicides volontaires, la torture et les autres mauvais traitements sont des violations des droits humains interdites par le droit international en toutes circonstances. En cas de plaintes relatives à de tels faits, des enquêtes impartiales, indépendantes et effectives doivent être menées dans les plus brefs délais, et leurs responsables présumés doivent être poursuivis — tant sur le plan disciplinaire que pénal — dans le cadre de procédures exhaustives et équitables. Toutes les sanctions prises doivent être proportionnelles à la gravité de l'acte commis. L'ouverture d'enquêtes internes et pénales effectives est aussi un moyen important d'identifier les défaillances du système qui favorisent les fautes, et donc de les corriger. Les victimes de violations des droits humains commises par des agents de la force publique doivent recevoir de l'État, dans les plus brefs délais, des réparations appropriées, notamment une restitution, une indemnisation financière adaptée, des soins médicaux et une réadaptation appropriés, et des garanties de non-répétition. Les recherches

menées par Amnesty International ont montré l'existence de graves faiblesses et défaillances dans le système actuel d'enquête sur les plaintes pour violations des droits humains imputées à des agents de la force publique en France. Ni le système pénal, ni les dispositifs d'inspection internes de la police, ni la Commission nationale de déontologie de la sécurité (CNDS) ne répondent totalement aux exigences des normes et du droit internationaux relatifs à l'obligation de mener des enquêtes impartiales, indépendantes et effectives dans les plus brefs délais. Par conséquent, Amnesty International continue d'exhorter les autorités françaises à prendre des mesures pour réformer les dispositifs actuels. Elle considère que la création d'une commission indépendante chargée des plaintes contre la police, avec des pouvoirs et des moyens plus importants que ceux de la CNDS, doit être un élément essentiel de cette réforme. Amnesty International tient une nouvelle fois à attirer l'attention sur un de ses motifs de préoccupation : si les victimes de mauvais traitements et d'autres violations des droits humains sont aussi bien des hommes que des femmes et sont issues de toutes les tranches d'âge, la grande majorité des plaintes dont l'organisation a eu connaissance concernent des ressortissants étrangers ou des Français appartenant à une minorité dite "visible".

Dans plusieurs des affaires évoquées dans ce rapport, la dimension raciste est évidente. Cette tendance a aussi été constatée avec préoccupation par les organes de défense des droits humains des Nations unies et par la CNDS, et fait craindre l'existence d'un racisme institutionnalisé au sein des organes chargés de l'application des lois en France. Les nombreuses recommandations formulées par Amnesty International en 2005 dans son rapport "France : pour une véritable justice" sont toujours valables aujourd'hui. Conservant clairement à l'esprit les principales préoccupations abordées dans le présent rapport, l'organisation formule les recommandations suivantes sur un certain nombre de points à propos desquels il est particulièrement urgent d'agir. »

Parmi les nombreuses préconisations d'Amnesty International, je relève celle-ci : « *Veiller à ce que des mesures disciplinaires appropriées soient prises contre les agents de la force publique qui procèdent à des arrestations injustifiées, à titre de représailles, ou qui portent de fausses accusations contre des personnes ayant porté plainte pour faute.* »

J'entends d'ici les bonnes âmes pouffer, au motif qu'Amnesty International serait une organisation gauchiste... Faut-il leur rappeler que la France, pays des Droits de l'homme, de Montesquieu, Voltaire et Zola, est l'un des États les plus condamnés par la Cour européenne pour les dysfonctionnements de son système judiciaire ?

– 9 –

Coup fourré

1993. Je suis avocat depuis moins de dix ans, ma notoriété commence à s'affirmer dans la région lilloise. Et le ciel me tombe sur la tête.

Quelques mois auparavant, un dénommé Ouas a été placé en garde à vue dans le cadre d'un trafic de stupéfiants. Lors de cette garde à vue, il raconte qu'un ami à lui, Hocine, s'est un jour rendu dans un cabinet lillois et a remis deux grammes de cocaïne à un avocat. Ouas aurait assisté à la transaction et, bien qu'il ne puisse pas nommer l'avocat toxicomane, il prétend pouvoir le reconnaître. Dans un deuxième temps, il déclare que c'est de moi qu'il s'agit, et que j'ai défendu son oncle dans une autre affaire – ce qui est inexact. Il décrit un cabinet auquel on accède par un escalier, ce qui ne correspond pas au mien.

Un beau jour, tandis que je visite un client au parloir de la maison d'arrêt, celui-ci me dit qu'un juge de Boulogne-sur-Mer, José Thorel, a interrogé son codétenu pour savoir si je consommais de la drogue. Je fonce illico chez le bâtonnier Jean-Louis Brochen qui, en ma présence, appelle le magistrat, et lui explique que je souhaite être entendu. Comme le juge ne se signale pas auprès de moi, je lui écris pour réitérer ma demande. Il me répond qu'il n'entend pas donner suite à cette histoire. Peu après, je reçois un courrier de Hocine, qui prétend faire l'objet de « *pressions de la part du juge* ». L'affaire prend, peu à peu, une tournure inquiétante. Elle sent mauvais. Je réécris au bâtonnier, exigeant cette fois d'être entendu. J'obtiens des rendez-vous avec le premier président de la cour d'appel et avec le procureur général Tachau ; à ce dernier, je suggère qu'il demande au procureur de Boulogne, son subordonné, de réclamer au juge mon audition.

Quelque temps plus tard, je suis interpellé sauvagement vers 8 h 30, en rase campagne, sur la route de mon cabinet, par la PJ de Lille. Interrogé, je nie toute consommation de drogue et demande des expertises urinaire et capillaire pour prouver ma bonne foi. On me place en garde à vue. Le juge Thorel arrive vers 11 heures du matin, je lui parle rudement.

Mon cabinet est perquisitionné. Parmi mes archives, un dossier que j'avais fait annuler pour vice de forme et qui avait été instruit, quelle coïncidence, par le juge auquel j'avais présentement affaire. Je dis au bâtonnier : « *C'est avec ce dossier qu'il s'est arraché les derniers cheveux…* » Le magistrat fait inscrire au procès-verbal : « *M*^e *Dupond-Moretti ironise sur notre calvitie.* »

Perquisition de mon véhicule, à présent. Le héros de cet épisode est un chien renifleur de drogue qui, comme l'ancien champion de tennis suédois, s'appelle Borg et porte le poil long. La truffe de Borg ne trouve rien. On se transporte à mon domicile, une ferme flamande au milieu des champs. Le bâtonnier ouvre la marche, il frappe à la porte. Hélène, mon épouse, alors enceinte de notre fils Clément, lui ouvre ; elle croit que Jean-Louis Brochen vient boire un café à l'improviste. Elle comprend vite que ce n'est pas le cas, en voyant débouler les policiers, le juge, et Borg. La perquisition ne donne rien. Quand la troupe veut monter à l'étage, je demande au juge de se déchausser parce que c'est ma femme qui fait le ménage. En haut, il fait ouvrir le coffre à jouets de Raphaël, mon fils de quatre ans, comme si je pouvais être assez dégueulasse pour cacher de la drogue à cet endroit… Les policiers, eux, sont extrêmement corrects, ils ont l'air gêné de devoir participer à ces fouilles. Sur ces entrefaites, de manière étonnante, le maître-chien suggère qu'on retourne renifler ma voiture. Le bâtonnier s'en étonne et exige que la chronologie soit précisément notifiée au procès-verbal. On retourne cependant à mon véhicule et là, côté passager, Borg se déchaîne. Il hurle. Je demande moi-même la saisie des tapis de sol pour analyse : je ne peux pas le deviner, mais le laboratoire va déceler « *des traces infinitésimales d'héroïne et de nicotine* ».

J'ai très peur.

Je viens d'acheter ma maison à crédit, ma femme est enceinte, je me retrouve dans un piège qui peut me coûter ma robe…

J'ai eu, en 1993 et 1994, des idées très noires…

J'avais acquis ma voiture d'occasion, elle avait été fracturée à plusieurs reprises devant mon cabinet – j'en apporte la preuve – et donc, les traces de drogue sont non seulement infinitésimales mais aussi de provenance incertaine. Ce qui n'empêche pas le juge Thorel de faire circuler des rumeurs. Alors qu'une consœur, qui intervient dans un dossier instruit à son cabinet dans lequel je suis aussi désigné, demande à voir les pièces de procédure, il lance, ravi de son petit effet : « *Ah, vous voulez voir le dossier Dupond-Moretti ?* » J'écris au juge, le menaçant de poursuites pour injures non publiques.

Je rencontre un autre magistrat qui, comme par hasard, est très au courant des détails du dossier monté contre moi. « *Bah, deux grammes de coke, ce n'est pas grand-chose* », me dit-il. Je lui réponds : « *Ne dites pas ça ! Je ne prends rien, si j'avais pris quelque chose je l'assumerais.* » D'ailleurs, mes analyses biologiques seront négatives.

La presse est prévenue – heureusement, aucun article n'est paru, même au conditionnel. Certains m'ont témoigné de l'estime, et je ne l'oublie pas. Le procureur de Boulogne, par exemple, Léonard Bernard de La Gatinais, m'a affirmé, d'homme à homme, qu'il ne croyait pas un mot de cette histoire, et promis que son bureau me serait toujours ouvert. Mais le juge Thorel poursuit son œuvre. Des membres de ma famille sont entendus à mon insu.

L'affaire de stups dans laquelle étaient impliqués Ouas et Hocine vient à l'audience. Je dois intervenir pour une gamine mise en cause et je n'ai pas voulu sortir du dossier, pour ne pas que l'on s'imagine que je me défilais, ce qui aurait accrédité la rumeur qui courait à mon sujet dans les milieux judiciaires.

Au procès, pour la première fois, je vois Ouas et Hocine. Je demande au premier s'il me connaît : « *Non.* » Le représentant du ministère public, Éric Bedos, requiert mais, auparavant, me présente des excuses et déclare publiquement que j'ai été injustement tracassé. Le jour même, je dépose une lettre au cabinet du juge. La voici.

« Lille, le 10 juin 1994

Monsieur,

En exécution de l'une de vos commissions rogatoires, les officiers de police judiciaire du SRPJ de Lille interpellaient le 16 novembre 1992 Ouas, jeune toxicomane lillois, et le plaçaient en garde à vue durant 72 heures. Ouas devait indiquer aux policiers que Hocine m'avait vendu quelques grammes de cocaïne.

Dès cet instant, les affirmations de Ouas seront un postulat. Votre conviction sera faite, et vous ferez litière des incohérences qui fragilisent le témoignage qui m'accuse. Ainsi, Ouas est incapable d'emblée de donner le nom de l'avocat ayant acquis le produit

146

stupéfiant, il est incapable, comme vous le consta-
terez de visu, de décrire mon cabinet, de le situer
dans la bonne rue et, surtout, s'il déclare dans un
premier temps avoir assisté à la transaction, il dira
ultérieurement avoir seulement entendu parler de
ladite transaction. Le témoignage de Hocine, tota-
lement en ma faveur, sera écarté.

Disons dès à présent que vous me détestez, de cela
vous vous êtes librement exprimé auprès de certains
de vos collègues.

Très vite, trop vite, vous allez parler de mon
implication dans la toxicomanie. Auprès de détenus,
dans un premier temps, vous allez poser toutes les
questions qui amènent la réponse de ma culpabilité.
La prison est un monde clos, vous allez me causer
un tort considérable et c'est en prison que je vais
apprendre que vous vous intéressez de très près à
moi.

Le jour où j'ai appris l'existence de vos initiatives,
j'ai immédiatement contacté le Bâtonnier de l'Ordre,
Jean-Louis Brochen. De son cabinet, je vous ai
appelé et vous nous avez répondu : "Secret de l'ins-
truction." Parlons-en, du secret de l'instruction :

À Mᵉ Pauwels, vous dites que ma toxicomanie
est à l'origine du malaise dont j'avais été victime
plusieurs mois auparavant. À Mᵉ Frémiot-Betscher,
qui vient consulter le dossier, vous demandez élé-
gamment si elle souhaite consulter le dossier

"*Dupond-Moretti*" — *vous vous souvenez de sa réponse, je n'insiste pas.*

Sans arrêt, vous avez colporté sur mon compte d'infâmes ragots, vous avez tour à tour violé votre obligation de réserve, le secret de l'instruction, et même — pourquoi ne pas l'écrire — la présomption d'innocence. Après avoir vainement tenté au téléphone d'en savoir un peu plus sur les rumeurs carcérales dont vous étiez à l'origine, je vous ai écrit le 29 mars 1993 pour vous demander de m'entendre dans les meilleurs délais. Curieusement, mon courrier n'a pas été annexé au dossier, en tous les cas aux cotes "fond", ce qui n'est pas le cas des expertises de mon véhicule.

Le 28 avril, vous m'avez répondu en ces termes : "Je ne manquerai pas d'y donner suite (*à ma demande d'audition*) s'il s'avérait que des présomptions sérieuses de ce chef venaient à apparaître." *Le 30 avril 1993, je vous ai adressé une nouvelle lettre dans laquelle je relatais les propos injurieux tenus à mon égard auprès de Mᵉ Pauwels, je vous demandais également de saisir, si vous l'estimiez utile, mon dossier médical puisque des prélèvements sanguins avaient été opérés à la suite du malaise dont j'avais été victime. Le 4 mai 1993, le Bâtonnier de l'Ordre saisissait Monsieur le Procureur général et lui exposait certaines de vos méthodes. Moi-même, je prenais l'initiative de ren-*

contrer *Monsieur le Premier président, Monsieur le Procureur général, Monsieur le procureur de la République près le tribunal de grande instance de Boulogne-sur-Mer. Il m'était alors apparu nécessaire de dire aux magistrats que vous vous serviez de vos fonctions pour régler vos comptes. À cette époque, deux éléments me permettaient déjà de le dire. D'une part les ragots que vous faisiez circuler, et d'autre part une lettre de Hocine datée du 2 avril 1993.*

Dans cette lettre, Hocine affirmait avoir été victime de votre part d'un chantage odieux : la peau de Dupond-Moretti contre la liberté. Cette lettre, vous en connaissiez l'existence, vous avez très maladroitement essayé, auprès de mes collaborateurs, d'en connaître la teneur. Vous avez d'ailleurs abordé cette question auprès de Hocine, ainsi lors d'un interrogatoire lui avez-vous posé à ce sujet une question — elle n'a pas été retranscrite et elle a été posée après le départ de l'avocat de Hocine. L'affirmation de Hocine est confirmée par un témoignage.

Le 10 juin, vous avez fait procéder à mon interpellation.

Aviez-vous des éléments nouveaux depuis votre lettre du 28 avril 1993 ? Non.

Cependant, comme vous le direz à certains, vous n'avez pas accepté mes démarches auprès de votre hiérarchie et vous avez commis deux erreurs d'appré-

ciation. *Vous avez cru que je demandais un service, que j'étais assez puissant pour étouffer l'affaire et pire encore, vous avez cru que votre hiérarchie allait me rendre ce service. Vous avez alors réagi exclusivement dans le but de me nuire.*

Je vous avais demandé à deux reprises mon audition, il vous suffisait de me téléphoner, vous avez préféré me faire suivre (les policiers m'ont suivi jusqu'à Amiens où je plaidais aux assises) et surtout me faire arrêter à un carrefour, dans des conditions particulièrement ignobles.

Le lundi 10 juin, j'ai donc été interpellé, placé en garde à vue. Lors de cette garde à vue, vous avez cru devoir venir me saluer, je vous ai dit ce que je pensais de vos méthodes, vous avez dressé un procès-verbal d'outrage qui est un faux. Faux quant à sa teneur, le Bâtonnier de l'Ordre en a attesté. Faux quant à l'heure et quant au lieu de sa rédaction, le procès-verbal a été rédigé à Boulogne-sur-Mer et non pas à Lille, il a été rédigé non pas à 17 heures mais bien plus tard.

Mieux encore, vous avez diligenté une perquisition dans mon véhicule, mon domicile, mon cabinet. Dans mon véhicule, le chien des douanes a marqué, vous étiez réjoui, vous aviez, du moins le pensiez-vous, l'élément matériel incontournable. J'ai demandé alors une expertise et une remarque frappée au coin du bon sens s'imposait : si j'avais, en toute connaissance de cause, transporté des produits stupéfiants, je me serais contenté d'un grattage de chien[1], mon exercice professionnel me faisant obligatoirement connaître le danger d'une expertise en la matière. Sur ma demande, vous avez consenti l'expertise et le laboratoire, le LIPS de Lille, a pratiqué sur mon véhicule les prélèvements. Une expertise a mis en évidence de l'héroïne et de la nicotine.

Cependant, cet élément matériel n'est pas déterminant car dans moins d'un gramme de produit stupéfiant aucune expertise n'est fiable, car mon véhicule est un véhicule d'occasion, fracturé par des voleurs à trois reprises ; de plus, c'est un véhicule utilisé par plusieurs personnes et ayant transporté également plusieurs personnes. Tant auprès de Me Benmouffok qu'auprès de Me Cuadrado[2], vous vous êtes glorifié de cette présence infinitésimale d'héroïne dans mon véhicule. Vous avez tort, car sur le plan procédural, j'ai décelé deux erreurs graves : aucun scellé n'a été établi et les prélèvements n'ont pas été signés par le Bâtonnier de l'Ordre... Peu importe, c'est un simple clin d'œil.

---

1. Lorsque les chiens dressés sentent une trace de drogue, ils grattent avec leur patte l'endroit précis où ils l'ont décelée.
2. Mes collaboratrices de l'époque.

151

Chez moi, vous vous êtes comporté de façon ordurière, mon épouse, à l'époque enceinte de sept mois, n'a pas eu droit à vos égards ni d'ailleurs à ceux de votre greffière. Les policiers ont, en revanche, redoublé d'attention, je pense qu'ils ont très vite compris l'exact fondement de votre démarche. Vous avez fait fouiller la malle à jouets de mon gosse de quatre ans, gratuitement, et je me souviens que vous m'avez dit à trois ou quatre reprises qu'il me fallait faire confiance à la justice de mon pays...

Dois-je vous dire — je n'y résiste pas — que tout le monde sait que vous avez à tort suspecté un policier d'avoir commis un vol avec arme et que vous avez, alors qu'il venait de décéder d'un accident de moto, fait procéder à un prélèvement d'empreintes digitales (sur sa dépouille mortelle) ?

Après mon arrestation, des journalistes ont été prévenus, je me demande par qui. Et des rumeurs ont persisté, rumeurs relatives à ma toxicomanie bien sûr, mais également à vos méthodes. Vous avez fait entendre mon garagiste mais surtout l'un de mes cousins. Ainsi ma famille, tenue jusqu'à présent à l'écart de vos soupçons, a été informée de ce qu'un juge me suspectait d'être un drogué.

Tout, dans votre comportement à mon égard, a été conduit à charge, la diffusion de vos ragots, le choix des investigations, les pressions exercées sur les témoins, vous avez même oublié qu'à Boulogne-sur-

Mer, le parquet ne poursuit pas le simple usager que vous me soupçonnez d'être. Seulement voilà, des juges, des avocats, mes amis, ma famille, tous ceux qui me connaissent, savent que je n'ai jamais touché aux produits stupéfiants ni de près ni de loin, ni par goût, ni par vice, ni par curiosité ou désespérance passagère.

Votre haine à mon égard vous a aveuglé, vous avez mis l'institution judiciaire au service de vos sentiments sans aucun discernement.

Recevez, Monsieur, l'assurance de mon exacte considération. »

Survient alors la rentrée annuelle du barreau de Lille, cérémonie à laquelle j'assiste. Le procureur général s'approche de moi, me salue, et chuchote : « *Le juge veut vous faire poursuivre* » pour outrage.

Moi, chuchotant aussi : « *Très bien. Prévoyez quinze jours d'audience.* »

Le procureur général : « *Deux semaines ? Pour quoi faire ?* »

Moi : « *Pendant la première, je démontrerai que je n'ai jamais pris de stupéfiants.* »

Le procureur général, de plus en plus perplexe : « *Et pendant la deuxième ?* »

Moi : « *Je vais couvrir le juge de ridicule.* » Pour être tout à fait franc, je crois avoir employé un autre mot, nettement plus court et nettement moins poli, plus historique peut-être.

Le procureur général, tout sourire : « *Je ne suis pas certain de vous faire poursuivre…* »

Le coup fourré s'arrête là. Ou presque. Quelque temps après – c'était un vendredi après-midi – je reçois le coup de fil d'un policier de la brigade canine, qui souhaite me voir toutes affaires cessantes. Il se présente dans la foulée à mon cabinet. Comme dans un vaudeville médiocre, j'ai demandé à un collaborateur de se dissimuler derrière un rideau pour écouter notre échange, et enclenché un Dictaphone. Mais, très vite, l'appareil cliquette : plus de bande magnétique (flic, décidément, c'est un métier). Le policier l'entend, s'en amuse et me livre son récit. Il m'explique qu'il a dénoncé l'existence d'une caisse noire, alimentée par de l'argent provenant de prestations privées effectuées par des collègues à lui. En rétorsion, il s'est trouvé accusé d'avoir détourné des stupéfiants saisis auprès des trafiquants et destinés au dressage de Borg et de ses congénères. Selon lui, si le chien n'a rien remarqué lors de son premier passage dans ma voiture, et qu'il a hurlé lors du second, c'est qu'entre les deux quelqu'un a saupoudré de drogue un tapis de la voiture. Malheureusement, ce spécialiste ne peut pas donner le nom du fonctionnaire qui aurait accompli cette forfaiture. Mais il me donne un autre détail. L'un de ses collègues lui aurait déclaré : « *Dupond-Moretti vient d'acheter un Jacuzzi, il suffit de planquer un peu de came dedans.* »

J'appelle sur-le-champ le procureur général, demandant que mon interlocuteur soit entendu. « *Venez tout de suite* », me répond le haut magistrat. On file à Douai, à tombeau ouvert. Le policier dépose sur procès-verbal. Et c'est la fin définitive de toute l'histoire.

*
* *

Je n'ai jamais su pourquoi et comment mon nom est apparu au détour d'une procédure. Ce que je sais, en revanche, c'est ce que peuvent vivre des innocents quand la machine judiciaire s'emballe. Je sais aussi qu'un homme ne peut pas se défendre seul. Au début de cette épreuve que j'ai traversée et qui m'a marqué, j'ai contacté l'ancien bâtonnier de Lille, Xavier Dhonte, qui aurait été mon avocat si le juge m'avait mis en examen. J'ai harcelé Xavier ; il a été le réceptacle patient et avisé de mes angoisses. Je lui serai éternellement reconnaissant de sa disponibilité et de l'amitié dont il m'honore encore aujourd'hui. On dit que je me montre parfois hargneux face à certains témoins quand ils sont policiers ou gendarmes : je n'oublie pas dans quel traquenard j'aurais pu tomber moi-même.

*
* *

En août 2011, d'une certaine manière, j'ai perquisitionné le domicile de José Thorel, devenu entre-temps procureur de la République d'Ajaccio. Ce n'était pas une véritable perquisition, comme celle qui avait eu lieu chez moi. Mais, par l'entremise d'un documentaire édifiant diffusé par France 3 sous le titre « Le Procureur est de permanence », j'ai pu pénétrer l'intimité du magistrat. On le voit rentrer chez lui après une dure journée de labeur. Gros plan sur deux rôtis de dindonneau qui rissolent dans une casserole huileuse. Le procureur dit à son épouse : « *Tu aurais pu le faire au four* » (sur ce point, il a raison). Elle lui répond : « *Tu n'as rien à dire.* » S'ensuit une scène de remise de cadeaux, car c'est l'anniversaire de José Thorel.

Rien n'échappe au voyeur que je suis alors. Madame offre à Monsieur un livre de Platon dont on apprend, à la fin de l'émission, qu'il ne l'a pas lu : « *Une overdose de Platon, ça peut tuer* », justifie-t-il. Je me suis souvenu de lui, inspectant ma chambre à coucher et un coffre à jouets à la recherche de drogue. Il m'a médiatiquement invité chez lui, je ne l'avais pas invité chez moi. Rideau sur la carrière ajaccienne du magistrat, promu à Papeete. Le soleil se couche, on le voit descendre un chemin, tenant un équidé par le licol. Il a cette phrase sublime, en voix off : « *La seule chose que je regretterai de la Corse, c'est mon cheval O'Maley…* »

– 10 –

Outreau...

L'affaire d'Outreau, c'est d'abord la souffrance
d'enfants qui ont été violés. Je ne veux pas aborder le scandale judiciaire sans ce préambule,
parce que la défense a été tellement caricaturée
que la plus grande prudence s'impose. Oui, des
enfants ont été victimes, et les avocats des dix-
sept accusés ne l'ont jamais nié. Oui, treize
adultes innocents ont été poursuivis à tort, ils
ont été acquittés, et il serait bon que cette autre
vérité ne soit pas remise en cause.

Mais l'émotion a aveuglé tout le monde. À
l'heure où j'écris ces lignes, une sorte de révi-
sionnisme judiciaire tente de se mettre en
marche, selon lequel certains des acquittés
seraient, en réalité, coupables. Ces sous-entendus
sont méprisables – bien qu'inévitables – quand
ils émanent du café du commerce ; ils sont

abjects lorsque ce sont des magistrats, arc-
boutés quand cela les arrange sur l'autorité de
la chose jugée par leurs pairs, qui les colportent.
Ceux qui s'abaissent ainsi organisent ni plus ni
moins le marché noir de la calomnie, et ils n'en
ont pas le droit. On n'aurait pas écouté la parole
des enfants, lit-on ici ou là. Quelle imposture !
Bien sûr que les enfants ont été écoutés par les
policiers de Boulogne-sur-Mer ou de Lille, par
le juge d'instruction, par le procureur de la
République, par les services sociaux, par les
experts psychologues, par la cour d'assises du
Pas-de-Calais, par la cour d'assises d'appel de
Paris. Et la justice, au bout du compte, a fait
son travail : elle a condamné les coupables sur
la foi des accusations sérieuses, et acquitté les
innocents quand les accusations ne tenaient pas
la route une demi-seconde.

Outreau est un dossier exemplaire, car il est
le fruit d'un dysfonctionnement absolu du système. Dans chaque affaire, il y a en général un
maillon faible. Il peut s'agir d'un expert défail-
lant, d'un policier ou d'un avocat malhonnête,
d'un faux témoin, d'un juge d'instruction illu-
miné... Là, dans chaque compartiment de la
procédure, se nichait une incompétence ou un

scandale. On a beaucoup parlé du juge Burgaud, au point de vouloir lui faire porter un chapeau trop large pour lui. Ou des experts « psy », de leurs rapports de charlatans prétendant décider de qui était crédible et de qui ne l'était pas. Mais n'oublions pas les services sociaux du département du Pas-de-Calais qui, en toute bonne foi, ont cautionné les accusations délirantes des enfants confiés à leur charge une fois que les parents se sont retrouvés incarcérés.

L'affaire commence dans un appartement d'une cité HLM, la Tour-du-Renard, située à Outreau, dans une banlieue de Boulogne-sur-Mer – avant d'être le nom d'un scandale judiciaire et à ce titre presque un nom commun, Outreau est celui d'une ville dont les habitants souffrent de l'opprobre généralisé et injustifié. Puis l'affaire s'étend aux appartements voisins, descend les étages de la tour, s'intéresse à des visiteurs, contamine des localités voisines, attaque la Belgique. À partir de l'hiver 2000-2001, des dizaines d'adultes – seuls dix-huit seront poursuivis – sont accusés d'actes pédophiles par des enfants. La plupart de ces faux pervers sont des gens d'origine modeste, fragilisés par une vie difficile, en proie à des problèmes financiers. La presse parlera à un moment de « *notables* » mis en cause, mais à part un huissier de justice et, à la limite, un chauffeur de taxi indépendant qui joue au golf pendant ses loisirs, ce sont des prolos pur sucre qui se débattent du fond de leur cachot. Il fallait bien que des « notables » payent pour violer les enfants de parents « pauvres », au sein d'un réseau à ramifications internationales. La proximité géographique de Boulogne-sur-Mer avec la Belgique, alors traumatisée par l'affaire Dutroux, la proximité sonore d'« Outreau » et de « Dutroux » – une rime pauvre – et le fait que, depuis plusieurs années, de pseudo-investigateurs soutenaient, dans la presse, sans jamais avoir pu l'établir, que des réseaux pédophiles très structurés sévissaient en France ont rendu crédible l'invraisemblable. L'actualité, pour une fois, donnait corps au fantasme – c'est souvent l'inverse. De sorte que tout le monde a voulu croire la fable récitée par des enfants. Outreau illustre l'impossibilité pour quiconque de prouver son innocence quand l'accusation est vague, vaste, extensible à volonté, et non datée. Outreau éclaire crûment les limites de notre système judiciaire, l'insuffisance des garde-fous, l'exorbitant pouvoir des experts. Le pire, c'est que presque tout le monde était de bonne foi.

*
* *

Je suis entré dans le dossier quand Roselyne Godard m'a écrit de sa prison pour me désigner. On l'appelait « la boulangère », alors qu'elle n'a jamais pétri une baguette de pain. Mais dans cette affaire, il fallait des archétypes : la boulangère, le curé, l'huissier, le chauffeur de taxi, une sorte de Village People de la pédophilie…

Voici donc Roselyne affublée d'une profession qu'elle n'a jamais exercée. On lui prête, sur la foi des témoignages enfantins corroborés par Myriam Badaoui-Delay, cinq enfants alors qu'elle n'a qu'une fille. On lui attribue un mari qui n'est pas le sien et qu'elle aurait tué à coups de pelle sous les yeux horrifiés des marmots, mais personne ne s'étonne que le faux époux porte le nom d'enfants scolarisés avec les petits Delay (ni que le vrai, bien vivant, soit mis en cause quand même). On l'accuse de faits abominables et quand je la rencontre au parloir de la maison d'arrêt d'Amiens, elle pleure à l'évocation de ces monstruosités qui lui sont reprochées. Je suis immédiatement convaincu de son innocence. Je me bats pour qu'elle soit confrontée séparément à Myriam Badaoui-Delay puis à Aurélie Grenon, elles-mêmes mises en cause mais qui dénoncent tous les autres accusés. Lorsque la confrontation a lieu, elle est groupée : Roselyne se trouve entre Mmes Badaoui et Grenon.

Le juge demande à la première : « *Combien de fois madame Godard est-elle venue chez vous ?* » Myriam Badaoui donne un chiffre.

Le juge, à Aurélie Grenon : « *Ce n'est pas ce que vous avez déclaré…* »

Aurélie Grenon : « *C'est Myriam Badaoui qui a raison.* » Variante : « *C'est comme elle dit Myriam.* »

Roselyne Godard : « *Je suis innocente !* »

Le juge : « *Merci, Madame, la confrontation est terminée.* »

Adjugé, vendu, comme aux enchères le marteau tombe, la vérité est gravée dans le marbre du procès-verbal.

Le dossier instruit par le juge Fabrice Burgaud semble, sur la forme, presque parfait. Il ne manque pas un coup de tampon, pas le paraphe d'un greffier. Mais sur le fond, il est délirant, à 90 %. Et je le dis, le juge triche. Un exemple ? Daniel Legrand fils, dix-neuf ans, mis en cause comme son père qui porte le même

prénom, nie les faits qui lui sont reprochés mais
reste en détention provisoire. Il constate
qu'Aurélie Grenon, qui reconnaît tout, bénéfi-
cie d'un contrôle judiciaire[1]. Alors, germe une
idée folle dans la tête de ce gamin : il avoue
avoir assisté au meurtre d'une petite fille belge,
chez les Delay – crime inventé de toutes pièces –
et dépose immédiatement une demande de mise
en liberté. Fait exceptionnel, l'un des responsables de la maison d'arrêt comprend la nature
de cet appel au secours et, avec l'un des chefs de
détention, écrit au juge pour l'alerter. Une telle
pièce est suffisamment rare pour attirer l'attention du magistrat instructeur et, en principe,
l'inciter à reconsidérer la situation du suspect.
En l'occurrence, il n'en est rien. M. Burgaud
« cote » le courrier, mais il le classe parmi les
pièces de forme, celles que personne ne consulte
jamais, surtout quand le dossier est énorme – on
n'examine généralement que les pièces de fond,

---

1. Le contrôle judiciaire est une mesure alternative
à la prison. Le mis en examen n'est pas placé en détention ; il reste libre mais est soumis à des obligations (ne
pas rencontrer les protagonistes du dossier, ne pas se
rendre dans tel ou tel lieu, pointer régulièrement au
commissariat de police, etc.). En cas de manquement à
ces contraintes, le contrôle judiciaire peut être révoqué
et le mis en examen risque d'être placé en détention.

ce sont d'ailleurs les seules dont l'avocat reçoit copie.

Je ne vais pas raconter ici par le menu les deux procès de l'affaire d'Outreau, en première instance et en appel. Signalons simplement que les enfants accusateurs ont désigné une cinquantaine de personnes qui n'avaient rien fait et qui, par je ne sais quel miracle, ont échappé aux poursuites. Me Hubert Delarue avait trouvé une jolie formule pour les désigner : « *le carnaval des innocents chanceux* ». Certains ont déposé à Saint-Omer, comme témoins. Je me souviens particulièrement d'un médecin généraliste, à qui je demande : « *Quelle différence y a-t-il entre vous et la "boulangère" ?* »

Lui : « *Aucune.* »

Moi : « *Comment pouvez-vous prouver que vous n'avez rien fait ?* »

Le docteur n'a pas eu de mots pour répondre. Il a levé ses bras au ciel et les a laissés retomber, ses mains frappant ses cuisses.

*
* *

Et puis, tout de même, il faut rappeler dans quelles conditions Fabrice Burgaud a été entendu comme témoin par la cour d'assises du

Pas-de-Calais. Nous sommes le mercredi 9 juin 2004. Je roule de bon matin, sur l'autoroute entre Lille et Saint-Omer, quand un cortège me dépasse à vive allure, toutes sirènes hurlantes. Je pense immédiatement aux habitudes des magistrats antiterroristes puisque Fabrice Burgaud n'est plus juge d'instruction, mais désormais substitut du procureur de Paris, et affecté à cette prestigieuse section du parquet.

Arrivé à Saint-Omer, je croise des journalistes aux abords du palais de justice : ils me disent qu'aujourd'hui, de manière insolite, le bâtiment est bouclé et qu'ils ne peuvent pas encore y accéder. J'enfile ma robe et j'entre. À l'intérieur, règne l'effervescence des grands jours. Il y a des policiers partout, en tenue ou en civil (avec oreillettes et armes de poing bien visibles à l'aisselle ou à la ceinture, l'un d'eux porte une valisette blindée destinée à servir de bouclier en cas d'attentat). Les vitres de la cour d'assises ont été couvertes de papier calque, pour empêcher que des photos soient prises de l'extérieur. Cette mesure est doublement choquante : d'abord, parce qu'il n'y a pas de vis-à-vis ; ensuite parce que personne ne semblait jusque-là préoccupé à l'idée que des images du procès pouvaient être volées − qu'importe l'image des « présumés innocents »… Fabrice Burgaud est donc venu

167

sous la protection d'une escorte digne d'un chef
d'État. Je remarque également la présence d'une
femme élégante dont les traits me disent quelque chose. Je m'informe auprès d'un magistrat
local qui me précise qu'il s'agit de Maryvonne
Caillibotte, alors responsable de la communication du parquet de Paris.

L'audience commence. Le président demande
qu'on fasse entrer le témoin vedette. À cet instant, survient une scène surréaliste. Comme les
accusés sont nombreux – dix-sept, le dix-
huitième est mort en prison – et qu'il faut que
leurs avocats soient à leur côté, on les a installés
à la place habituelle du public. À Saint-Omer,
la salle des témoins se situe en contrebas, au
fond à gauche si l'on se place dans le fauteuil
du président, de sorte que l'intéressé doit tra-
verser le prétoire dans toute sa longueur. Le
président Monier demande qu'on introduise
M. Burgaud et, comme s'ils n'attendaient que
ce signal, une dizaine de policiers en tenue
d'intervention qui, jusqu'alors, s'étaient posi-
tionnés dos aux fenêtres, surveillant la salle, font
dans un ensemble admirable deux pas en avant
– cela me rappelle les manœuvres de la légion
romaine, dans *Astérix* –, formant un cordon

dissuasif entre les accusés et leur ancien juge qui a pu gagner la barre abrité derrière l'escouade de costauds en bleu marine.

Une fois au micro, Fabrice Burgaud subit les questions de Mes Hubert Delarue, Frank Berton, Hervé Corbanesi, pendant des heures, sans rien lâcher. Alors que je suis debout près de Mme Caillibotte, assise dans la salle à une place qui lui avait été réservée, elle me glisse, ironique, mais pas antipathique : « *Vous intervenez en dernier, c'est vous, la mise à mort ?* » Je lui réponds que je n'ai jamais tué personne, et je m'approche de son protégé pour le questionner. Il est 18 h 30, on l'auditionne depuis 9 h 30 du matin, mais Fabrice Burgaud tient la distance.

Il s'attend à ce que je l'asticote sur l'instruction, alors je tente le contrepied. Je veux que les jurés comprennent que ce déploiement policier, ces gardes du corps qui laissent à penser que le témoin met sa vie en danger en venant ici, tout cela n'est qu'une mise en scène destinée à les impressionner : « *Qui vous accompagne, aujourd'hui ?* »

Fabrice Burgaud, interloqué : « *Pardon ?*

— *Qui vous accompagne aujourd'hui ?*

— (Mal à l'aise.) *Les services de police…*

— *Mais encore ? Il n'y a pas un magistrat du parquet de Paris ?*

— *Si, un vice-procureur...*
— *Chargé de quoi ?*
— *De la communication...*
— (En colère.) *Ah, on est venu communiquer...*
Parlons plutôt de ma "boulangère". Quand elle sort
de garde à vue, elle arrive à votre cabinet. Le ciel
lui tombe sur la tête et vous lui dites que les quatre
enfants du couple Delay l'ont reconnue sur photo.
Mais ce n'est pas vrai, ce n'est pas vrai ! C'est
correct, ça ?

— *Je n'en ai pas souvenance. Il est possible qu'il*
n'y ait eu que trois enfants... »

Je déroule mon questionnement, que j'ai soigneusement préparé. À un moment, Roselyne Godard demande à être confrontée au témoin, mais le président Monier n'y est pas favorable. Fabrice Burgaud, lui, refuse de se retourner pour la regarder dans les yeux. Elle se lève et se campe devant lui : « *Je suis entrée dans votre bureau, vous m'avez dit :* "C'est l'affaire du siècle. Ou vous avouez, ou vous me faites perdre mon temps." »

Le témoin : « *Je n'ai jamais dit ça.* »

L'accusée : « *Vous mentez !* »

Le témoin, offusqué : « *Vous accusez un magistrat instructeur !* »

Roselyne reprend sa place – elle sera acquittée en juillet, dans un mois. L'audition de Fabrice

170

Burgaud est terminée. En passant près de lui, je lui touche le bras et lui murmure : « *Camus a dit que la justice était* "une chaleur de l'âme". *Je voudrais que vous l'emportiez avec vous.* » Il n'a ni sursauté, ni répondu.

*
* *

Ce conditionnement du jury à travers un déploiement policier injustifié n'est pas propre à Outreau. Je plaidais avec plusieurs confrères, dont Jean-Yves Liénard, pour des gitans accusés d'avoir tiré sur des gendarmes. Cela dura trois semaines aux assises, à Angers. On avait fait disposer des blocs de pierre d'une demi-tonne chacun devant le palais de justice, officiellement pour empêcher le stationnement de caravanes, comme si les amis des futurs condamnés allaient venir établir un campement en ville, jouer de la guitare en mangeant des hérissons rôtis, pendant la durée du procès. Chaque matin, les accusés arrivaient escortés par des voitures de police, sirènes hurlantes ; des hommes en armes, cagoulés, prenaient position sur le trajet. Dans la salle d'audience, les accusés étaient introduits menottés et fers aux pieds dans une cage entièrement grillagée, où ils pouvaient à peine se

tenir debout. Voilà la mise en scène jugée nécessaire par le parquet.

Un beau jour, pendant le procès, on découvre
une arme dissimulée derrière la machine à café
du palais : les craintes étaient donc justifiées, le
déploiement considérable de forces de sécurité,
qui avait été critiqué, se trouvait d'un seul coup
légitimé. Sauf que : nous, avocats de la défense,
avons reçu un mot anonyme mais provenant
manifestement d'une source interne à la police.
L'auteur de ce message indiquait le numéro de
série du revolver ainsi que les références d'une
procédure en cours : l'arme aurait-elle été dépo-
sée là par les autorités judiciaires, à seule fin
d'accréditer l'idée que les accusés étaient haute-
ment dangereux et sur le point de s'évader du
palais de justice ? Nous avons exigé des explications. Une procédure a été ouverte. Faut-il
préciser qu'elle n'a abouti à rien ?

*

* *

Pour le procès en appel d'Outreau, à Paris,
Daniel Legrand fils m'avait demandé de le
défendre, avec M\ :sup:`e` Julien Delarue, jeune avocat
très prometteur. Il avait été condamné en première instance, alors que son père avait été

acquitté. Pourquoi ? Pourquoi pas. À l'origine, les enfants Delay avaient dénoncé « le grand Dany » ou « Legrand Dany ». La police cherchait donc un homme prénommé ou surnommé Dany, qui serait de haute taille ou porterait un patronyme très répandu dans le Nord. Au diable l'avarice : elle interpelle deux Legrand prénommés Daniel, mais que personne n'a jamais surnommés Dany, et la justice les envoie en détention préventive pendant près de trois ans. À Saint-Omer, l'avocat général requiert l'acquittement du père et la condamnation du fils – il ne lui faut qu'un Legrand –, et le jury suit.

L'atmosphère de la cour d'assises de Paris n'a rien à voir avec celle de Saint-Omer. Le soufflé est déjà passablement retombé, mais il reste tout de même six accusés à tirer du pétrin.

Le procès s'ouvre, comme d'usage à cette époque-là[1], par la lecture de l'ordonnance de mise en accusation. C'est la même qu'au premier procès, sauf qu'entre-temps sept hommes et femmes ont été acquittés et que l'inanité des accusations portées contre eux a éclaté au grand jour. Aussi a-t-on presque envie de rire en entendant de quoi on osait les accuser, eux et

1. *Cf.* p. 119 et suivante.

173

ceux qui sont encore là aujourd'hui. Mais on ne rit pas, nous, les avocats, aux assises, tant que le verdict n'est pas tombé.

Sous la houlette de la présidente Odile Mondineu-Hederer, la monstrueuse baudruche achève de se dégonfler. Les psychologues en prennent de nouveau pour leur grade. L'un d'entre eux, ne supportant pas de se voir ridiculiser à la barre, ose cette sortie stupéfiante : « *Quand les experts sont payés comme des femmes de ménage, on a des expertises de femmes de ménage !* » Je lui rétorque que ma mère a toujours très bien fait son travail — elle était authentiquement femme de ménage.

Un épisode résume assez bien l'effondrement de l'usine à gaz d'Outreau. L'un des experts psychologues n'étant pas présent, la présidente lit le rapport qu'il avait rédigé à la demande du juge Burgaud. Ce professionnel avait estimé que les enfants qu'il avait examinés étaient « *crédibles* », ce qui avait pesé lourd pour les adultes mis en cause. La présidente lit ces lignes indigentes, dans lesquelles il est beaucoup question d'animaux. Car l'expert avait demandé aux gamins de lui dessiner des petites bêtes et, en fonction du résultat, en avait tiré de savantes conséquences. Mme Mondineu lit assez vite, et passe rapidement sur la description d'une « *musaraigne* » griffonnée par un enfant. Elle omet – volontairement, je pense – la précision du psychologue, qui faisait état d'une « *musaraigne à grosse queue* ». Assis à mon banc, je rappelle à voix haute ce détail capital : « *À grosse queue, madame la présidente, à grosse queue !* » La présidente s'arrête, lève la tête vers moi, nos regards se croisent, le fou rire la gagne qui se propage à ses assesseurs, aux jurés, à l'avocat général, à la presse, au public. Tout le monde, accusés compris, se gondole à l'évocation de la « *grosse queue* » de la musaraigne, qui, quelques années auparavant, avait justifié la détention provisoire de plusieurs innocents.

La culture du doute est à ce point défaillante dans notre système judiciaire que, plutôt que de laisser en liberté des mis en examen ou d'acquitter un accusé contre lequel on n'a rien de sérieux à requérir, on a recours à des experts. Ceux-ci, d'une certaine manière, font le verdict à la place des juges – ou plutôt, les juges se défaussent sur eux de la décision. Après Outreau, les experts ont repris toute leur place. Jean-Luc Viaux, qui se plaignait d'être payé comme une femme de ménage, est toujours inscrit sur la liste de la cour d'appel de Rouen. Au printemps 2011, il publiait un nouvel ouvrage, *Les Expertises en psychologie légale*[1], dans lequel il est exposé en quatrième de couverture : « *L'ouvrage de Jean-Luc Viaux est un document d'exception, pouvant servir de base à l'élaboration de pratiques et du sens de cette intervention singulière entre le sujet et la demande institutionnelle. Appuyé sur sa longue expérience, il (...) offre au fil de sa présentation l'éclairage d'une réflexion de fond sur la place et le rôle délicat qui sont les nôtres dans le contexte actuel.* » Sa consœur Marie-Christine Gryson-Dejehansart, qui pratiquait la méthode EMDR (Eye Movement Desensitization and Reprocessing), fondée sur les clignements d'yeux censés déceler la vérité sans coup férir, exerce toujours ; elle figure en bonne place dans le cortège des révisionnistes judiciaires qui s'efforcent de prendre leur revanche après leur débâcle d'Outreau.

Certes, depuis les aberrations des procès d'Outreau, on ne pose plus aux experts la ques-

---

1. Jean-Luc Viaux, *Les Expertises en psychologie légale*, Éditions du Journal des psychologues, Paris, 2011.

tion de la « crédibilité » de la victime présu-
mée, mais leur rapport peut tout balayer sur
son passage ou, à tout le moins, offrir des échap-
patoires à des accusations en panne. Prenez
l'affaire du berger de Castellar : Pierre Leschiera
avait été assassiné en 1991 dans ce village des
Alpes-Maritimes. Les enquêteurs avaient acquis
la certitude que le coupable était un membre
de la famille Verrando, connue pour sa passion
de la chasse et son antagonisme avec la victime.
Alain Verrando a été acquitté. L'accusation a
alors jeté son dévolu sur son neveu Jérôme, à
peine majeur à l'époque des faits, et que je
défendais avec mon ami Bernard Ginez :
acquitté également. Mais par le biais d'un extra-
vagant tour de passe-passe, le ministère public
obtint que les deux soient rejugés en appel au
cours d'un seul et unique procès, dans l'espoir
qu'ils se déchireraient et que l'un des deux désignerait l'autre – il fallait que le box fasse le
travail de l'avocat général. L'oncle et le neveu
seront acquittés en 2008, mais le second avait
quand même eu affaire à une experte psychana-
lyste diplômée ès lettres (ce qui signifie une
diplômée ès lettres qui avait suivi une psycha-
nalyse) : dans un charabia d'anthologie, celle-ci
professait que Jérôme Verrando avait pu tirer
sur le berger peu après avoir tué son premier

sanglier, dans une sorte de rite initiatique comme il en existe en Afrique !

Il est surprenant de constater que les experts psychologues ne sont même pas d'accord sur les tests à utiliser, ce qui en dit long sur le caractère aléatoire de leurs conclusions. Certains ne jurent que par le Rorschach – l'interprétation de taches d'encre. Mais ils oublient volontiers que ce test a été conçu pour des individus de culture occidentale. D'autres utilisent un vieux test, le D10 ; il s'agit notamment de faire dessiner des montagnes. Si elles se dressent vers le ciel, cela sous-tend une personnalité ambitieuse, volontaire. Si les pics sont plus doux, ils révèlent une personnalité plus apaisée. J'ai demandé un jour à un expert, aux assises de l'Essonne, si un Savoyard n'aurait pas, plus qu'un Vosgien, tendance à dessiner des montagnes pointues : il m'a fusillé du regard.

D'autres psychologues, enfin, utilisent le test de Rosenzweig, élaboré en 1948. Voici en quoi cela consiste : on propose au sujet des dessins stylisés, mettant en scène deux personnages habillés à la mode de l'époque. Le premier exprime, dans une bulle, une idée, le sujet doit compléter la bulle du second personnage.

Exemple : deux femmes sont l'une à côté de l'autre, subissant les assauts d'une tempête de neige. La première dit : « Elle devrait être ici depuis dix minutes. » Que doit répondre la deuxième, pour que le sujet expertisé se fasse bien voir de l'expert, du juge d'instruction, des jurés de la cour d'assises ? « Ce n'est pas grave, nous allons l'attendre un peu. » Mais si l'expression est sincère, le sujet peut avoir envie d'écrire spontanément dans la bulle : « Elle nous fait vraiment ch..., ça caille. » Lorsque, fin 2011, devant la cour d'assises des Ardennes, j'ai interrogé un expert sur ce test, sa seule réponse a consisté à me suggérer de réaliser ma propre expertise psychologique... L'une des difficultés majeures de l'expertise « psy », c'est que le sujet sait que tout ce qu'il dira peut être utilisé contre lui.

Il est des experts qui détraquent la justice à laquelle ils sont supposés prêter leur concours. En 2009, une fausse experte psychologue a été démasquée, dans le Sud-Ouest. Elle a sévi dans le ressort de la cour d'appel de Bordeaux pendant trois années, réalisant des centaines de rapports, aussi bien en matière criminelle que dans des affaires relevant du juge aux affaires familiales...

*
* *

Au second procès d'Outreau, l'accusation a renoncé à demander des peines. L'avocat général Yves Jannier a compris, dès que les enfants sont venus, l'un après l'autre, dire qu'ils avaient menti, que le ministère public n'aurait pas la tête des six accusés. Pourtant, avant les débats, le parquet général de Paris se faisait fort d'en faire tomber une ou deux pour parachever le travail des assises du Pas-de-Calais. J'ai su, par des amis journalistes, comment le procureur général de l'époque, Yves Bot, se répandait dans les couloirs, affirmant que le dossier « *tenait à la colle* ». À un chroniqueur judiciaire qui exprimait ses doutes sur la culpabilité des accusés, il avait fait passer le message suivant par un de ses avocats généraux[1] : « *Dites à votre ami qu'il ne devrait pas s'avancer autant, il aura l'air d'une andouille après les condamnations...* » Pour M. Bot, les magistrats du Pas-de-Calais étaient des empotés qui avaient gâché le dossier : le grand parquet général de Paris allait remettre de l'ordre dans tout ça. Un objectif corporatiste

---

1. Le parquet général, qui chapeaute les parquets du ressort de la cour d'appel, est dirigé par le procureur général, nommé en conseil des ministres. Il est composé de substituts et d'avocats généraux placés sous son autorité.

mais aussi personnel, puisque Yves Bot appréciait beaucoup le juge d'instruction Fabrice Burgaud. Avant d'être procureur général, il était procureur de la République de Paris et, à ce titre, il avait fait venir Fabrice Burgaud – le tombeur du « réseau pédophile franco-belge » – à la section antiterroriste, ce qui ne saurait passer pour une brimade... Intervenant lors d'un colloque sur la justice au Sénat, Yves Bot avait d'ailleurs fait applaudir le nom de Fabrice Burgaud, qui commençait à se voir mis en cause de toute part.

J'aurais aimé pouvoir rendre hommage à M. Jannier, qui ne s'est pas accroché à une chimère, comme parfois le parquet peut le faire. Certes, l'avocat général a démonté le Meccano infernal du dossier, balayant d'un revers de manche ces « *orgies romaines dans quinze mètres carrés* (NDA : surface du salon du couple Delay) *avec la table et les chaises, impliquant quinze adultes plus des enfants qui hurlent* ». Il a ironisé sur les déclarations stupides, maladroites, ou les deux à la fois de Franck Lavier et Daniel Legrand fils, qui se sont mis en fâcheuse posture en inventant des faits que Mme Badaoui confirmera par la suite, à l'instar du « *meurtre d'une fillette* » dont on sait qu'il n'a jamais existé. L'avocat général Jannier a dit tout haut ce que chacun avait compris : dès juillet 2002, le doute aurait dû s'emparer du juge Burgaud, du procureur de Boulogne-sur-Mer Gérald Lesigne, de la chambre de l'instruction de Douai, des experts psychologues et psychiatres, des services sociaux qui, sous couvert de « *mise en forme administrative des dires des enfants, déformaient le fait relaté* ». Et ceci, pas parce que les avocats de la défense étaient particulièrement convaincants : non, à cette époque, un rapport du SRPJ de Lille tirait la sonnette d'alarme de manière limpide. Yves Jannier a parlé près de deux heures avant de clamer, solennel, évitant la facilité du bénéfice du doute : « *Parce qu'elle est innocente, je vous demande d'acquitter Sandrine Lavier. Parce qu'il est innocent, je vous demande d'acquitter Franck Lavier. Parce qu'il est innocent...* » À chaque fois précédés de cette certitude, il égrène les noms de Thierry Dausque, Daniel Legrand fils, Dominique Wiel et Alain Marécaux. M. Jannier sera applaudi par les membres de la commission d'enquête parlementaire, qui goûteront sa modestie, sa clairvoyance. Mais moi, je ne lui rends pas hommage, car avant le début du procès en appel, l'avocat général collait à la roue de son chef, Yves Bot. Il n'a pas eu le nez creux, il a senti le sens du vent.

Quoi qu'il en soit, après son réquisitoire, la défense se trouve dans une situation des plus incommodes. Il n'y a plus d'accusation en face d'elle, mais les jurés ont-ils été convaincus par l'avocat général ? Il nous semble qu'il a dit à peu près tout ce que nous aurions voulu soulever : faut-il prendre le risque de lasser nos juges, de faire naître en eux l'idée que si nous avons besoin d'argumenter, c'est que nous ne sommes pas certains de l'innocence de nos clients ? Nous demandons un temps de concertation. Et, en accord avec les accusés, nous décidons de renoncer à plaider. C'est l'une des décisions les plus difficiles que nous ayons jamais eu à prendre. Me Jean-Louis Pelletier, notre doyen, entré pour renforcer la défense de l'abbé Wiel, se lève : « *Après ce qu'elle a entendu, la défense, unanime, renonce à plaider. Mais nous souhaitons observer une minute de silence à la mémoire de François Mourmand.* » (NDA : mis en examen et mort en prison en jurant qu'il était innocent.) Paradoxe inouï : la fracassante affaire d'Outreau s'est close par le silence des avocats…

C'est là que le parquet général commet la faute de trop. Yves Bot annexe la salle d'audience pour y tenir une conférence de presse, tenant pour certain l'acquittement qu'il appartient pourtant à la cour et aux jurés de prononcer et se démarquant du dossier qui ne tient plus « *à la colle* » : à présent, c'est l'accusation qui sauve les innocents !

Ce mépris inouï pour les règles des assises me sidère. J'ai su que la présidente Odile Mondineu-Hederer avait été, elle aussi, estomaquée par cette initiative de son camarade de promotion de l'École nationale de la magistrature. Je suis certain que cette femme indépendante et énergique lui aurait intimé l'ordre de quitter le prétoire si Yves Bot avait eu l'outrecuidance d'apparaître en robe à cet instant. Mais l'homme est bien trop intelligent pour cela : il avait pris soin de gagner les assises depuis son bureau, qui se situe dans une autre aile du palais de justice, après avoir revêtu son hermine — ce qui est tout à fait inhabituel, les magistrats passant habituellement leur robe dans le bureau qui leur est réservé, juste derrière la salle d'audience. Ainsi, les télévisions avaient pu le filmer en grande tenue. Mais pour sa conférence de presse, il apparut en complet veston, le tour était joué. Il prétendra plus tard, ce qui est inexact, que ce sont les journalistes qui l'avaient sollicité pour donner une conférence de presse, alors que l'idée était de lui seul. Il lui faudra même s'expliquer devant la commission d'enquête parlementaire créée peu après le verdict pour mettre au jour les dysfonctionnements en chaîne – nous en reparlerons bientôt.

Une fois la cour partie pour délibérer, il faut attendre des heures et des heures. Il y a un temps incompressible : les jurés étaient encore à l'époque au nombre de douze en appel, auxquels il faut ajouter la présidente et ses deux assesseurs – cela prolonge d'autant les discussions. Mais sept heures et demie, c'est interminable. Nous gambergeons. Nous aurions dû plaider. Ils vont en condamner un ou deux pour sauver la mise de l'institution judiciaire. Le réquisitoire d'acquittement général était un piège et nous sommes tombés dedans… La partie civile avait demandé la condamnation de trois des six, elle sera entendue parce que la cour ne voudra pas laisser croire qu'elle n'a pas voulu écouter les enfants accusateurs du début.

Quand, enfin, la cour revient, je suis plus inquiet que jamais. Je scrute les jurés, mais ne déchiffre rien sur leurs visages. La présidente

Odile Mondineu-Hederer annonce d'une voix ferme : « *Il a été répondu non à l'ensemble des questions.* » C'est fini. Non aux questions, cela veut dire oui à l'innocence. La présidente enchaîne : « *Monsieur Thierry Dausque, levez-vous : vous êtes acquitté. Monsieur Franck Lavier, levez-vous : vous êtes acquitté. Madame Sandrine Lavier, levez-vous : vous êtes acquittée. Monsieur Dominique Wiel, levez-vous : vous êtes acquitté. Monsieur Alain Marécaux, levez-vous : vous êtes acquitté. Monsieur Daniel Legrand, levez-vous : vous êtes acquitté.* » J'entends encore les applaudissements dans la salle. Je vois encore les larmes qui roulent sur toutes les joues. Je n'oublierai jamais l'ovation du public massé dans la salle des pas perdus, au pied du monumental escalier de marbre.

*
* *

Après le naufrage d'Outreau, une commission d'enquête parlementaire a été créée. L'idée folle et magnifique est née qu'on allait enfin réformer en profondeur la procédure pénale. Le président était de gauche (André Vallini), le rapporteur de droite (Philippe Houillon), et parmi les parlementaires, assis côte à côte, on retrouvait aussi bien l'ancien garde des Sceaux socialiste

Élisabeth Guigou que le député UMP Alain Marsaud.

Tout le monde est d'accord : Outreau n'est pas le désastre qui devrait porter le nom d'un petit juge, mais le résultat d'un catalogue de mauvaises habitudes qui font l'ordinaire de notre justice. Les causes du dysfonctionnement sont parfaitement identifiées et répertoriées de manière exhaustive. En premier lieu, la « *bureaucratie judiciaire* » – expression de Guy Canivet, ancien président de la Cour de cassation et actuel membre du Conseil constitutionnel : la machine est tellement monolithique qu'elle avance toute seule, personne ne contrôlant plus personne. Dans Outreau, la chambre de l'instruction, qu'on surnomme « *chambre des évêques* » car elle confirme trop souvent aveuglément les décisions défavorables aux mis en cause, a tout validé. J'ai assisté Roselyne Godard quand elle a déposé une demande de mise en liberté, pendant l'été : la chambre était alors composée de vacataires, qui l'ont laissée sortir de prison après l'avoir écoutée. Voyant cela, les autres innocents ont tenté leur chance, mais ils sont tombés sur les titulaires qui ont prolongé leur détention. L'huissier Marécaux n'a quitté son cachot que parce qu'à l'issue d'une grève de la faim il ne pesait plus que quarante-six kilos

et que son pronostic vital était engagé – il
y avait déjà eu un mort en prison, François
Mourmand.

La commission d'enquête parlementaire se
penche sur les vraies questions : faut-il supprimer le juge d'instruction ? Elle opte pour la
collégialité. Faut-il séparer le siège et le parquet, pour éviter que de nombreux magistrats
fassent la navette, afin d'accélérer leur carrière,
entre les postes de juges et ceux de procureurs ?
Elle n'estime pas nécessaire de recommander
cette révolution interne, que je considère
comme fondamentale. Dans le dossier d'Outreau,
qu'est-ce qui sépare le juge Burgaud du procureur Lesigne ? Une feuille de papier à cigarette.
Le premier est le siamois du second. Il faudrait
imaginer un vrai juge qui arbitrerait entre
l'accusateur et la défense. Mais tant que l'arbitre
sort de la même école que l'une des parties, qu'il
relève de la même grille indiciaire que lui, le
soupçon de connivence ne peut pas être écarté.
À Paris, le bruit courait jadis que telle procu-
reure était enceinte des œuvres d'un président
devant lequel elle requérait.

J'affirme qu'il est urgent de supprimer l'École
nationale de la magistrature (ENM), une école

qui éloigne les futurs magistrats de la vie ordinaire, les « encaste » alors que ce corps devrait
être ouvert au monde qu'il juge – pour l'anecdote, j'y suis, avec quelques autres, *persona non
grata*… À l'ENM, on enseigne la culture de la
soumission, le formatage y est inquiétant, qui
fait passer les élèves atypiques pour de dangereux anarchistes. Les futurs magistrats – appelés
auditeurs de justice – y sont notés comme des
collégiens. Après leur sortie, ce qui compte, ce
n'est pas leur façon de rendre la justice mais le
nombre de décisions qu'ils rendent. On doit à
Rachida Dati le fait que beaucoup d'auditeurs
de justice font un stage dans un cabinet
d'avocats. Mais il faut aller plus loin : sans
ENM, avocats et magistrats suivraient une formation commune à la faculté de droit puis choi-
siraient leur voie : le barreau ou la magistrature
et, le cas échéant, le siège ou le parquet avec
la possibilité de ne changer qu'une fois de
« branche ».

J'en reviens à l'absence totale de culture du
doute. En France, la présomption d'innocence est
un leurre absolu. La parole de l'accusateur pèse
cent fois plus lourd que celle de l'accusé. Le poids
de l'aveu, quelles que soient les conditions dans

lesquelles il a été arraché, écrase systématiquement la rétractation. Et en aval, la justice s'emploie à faire tenir les procédures. J'avais suggéré qu'on introduise à la Cour de cassation des personnalités incontestables du monde juridique – en vain, bien évidemment. Le « pays des Droits de l'homme » est l'un des plus condamnés par la Cour européenne des droits de l'homme (CEDH). Notre droit n'évolue que sous la menace de la CEDH, on l'a vu récemment pour la réforme de la garde à vue. Il reste du chemin à parcourir. Outreau c'est, en cumulé, vingt-six années de détention provisoire, si l'on met bout à bout les mois de prison injustement purgés par les treize innocents et François Mourmand, mort dans sa cellule : maintenant que le législateur a créé des peines planchers, le temps n'est-il pas venu d'inventer les tôles plafonds ?

La France n'a pas su saisir l'occasion historique qui lui était donnée de redevenir, véritablement, le pays des Droits de l'homme. La politique politicienne a repris ses droits, Jacques Chirac arrivait au terme de son second mandat, on a retenu deux ou trois mesures sur les quatre-vingts que préconisait la commission d'enquête parlementaire. Il faudra attendre le prochain cataclysme…

Je plaidais il y a quelques années à Nanterre.
J'ai évoqué Outreau et j'ai vu la cour se crisper :
à l'époque, des tracts circulaient encore pour
défendre Fabrice Burgaud – aujourd'hui, ne
subsiste qu'une rumeur dans les palais de justice, colportée par des magistrats qui n'ont
jamais vu le dossier de près mais qui « savent »
de bonne source que leur collègue ne s'est pas
trompé. L'audience a dû être interrompue car
la salle des assises était réquisitionnée pour
l'installation du nouveau procureur, Philippe
Courroye. Je suis resté par curiosité. Dans son
discours, M. Courroye a évoqué Outreau, lui
aussi. C'est extraordinaire : on me reproche de
parler d'une affaire que je connais bien, et
quelques minutes plus tard, au même endroit,
un haut magistrat s'en empare pour rappeler la
nécessaire vigilance en faveur du doute, sans
susciter la moindre bronca dans un auditoire
composé de ses pairs. Les principes sont plus
audibles les jours de rentrée solennelle, une
coupe de champagne à la main...

*

* *

Il est, heureusement, des magistrats qui n'ont
pas besoin de petits-fours pour mettre en adé-

quation leurs convictions et leurs réquisitoires.
Je pense tout particulièrement à l'un d'eux,
François-Louis Coste, qui a pris sa retraite en
2011, après l'acquittement de Loïc Sécher.

Loïc Sécher est cet ouvrier agricole accusé de
viol par une adolescente, et condamné par deux
fois aux assises, en première instance puis en
appel, à seize ans de réclusion criminelle. Or en
2008, huit années après avoir dénoncé cet
homme, la jeune fille se rétracte et avoue qu'elle
a tout inventé. S'ensuit un procès en révision à
Paris, d'une intensité exceptionnelle, durant
lequel pas un mot de haine ou de ressentiment
n'a été prononcé par quiconque.

François-Louis Coste, qui avait jadis requis à
Lyon que le bénéfice du doute fût accordé à
Patrick Dils, représentait le ministère public à
cette audience. Je défendais Loïc Sécher avec
M\ :sup:`e` François Canonica. Le lundi 20 juin, au premier jour des débats, l'avocat général, sous
haute surveillance étant donné le retentissement
médiatique du procès, reçoit un bref courriel de
sa hiérarchie : « *Il faudrait essayer d'éviter que ce
procès ne devienne celui de la justice.* » Il répond :
« *Certes, mais il aurait été prudent que la justice
évite de s'y exposer.* » Rapidement, la sincérité de
l'accusé et de la jeune fille sont apparus, de sorte
que l'accusation ne reposait que sur du vent. Le

mercredi 22 juin 2011, commentant l'attitude très digne de Loïc Sécher, l'avocat général se lève et lui dit : « *Je tiens à vous dire que j'admire votre courage, qui est en plus le courage d'un homme de paix.* » La formule est, évidemment, reprise dans le compte rendu quotidien de l'Agence France-Presse. Ce qui vaut à François-Louis Coste un courriel de sa hiérarchie : « *Cette dépêche est exacte ?* » Le magistrat confirme que ses propos ont été scrupuleusement retranscrits. Analyse pincée de la hiérarchie : « *L'admiration de l'avocat général s'imposait-elle vraiment ?* » Réponse pince-sans-rire de l'intéressé, qui parle de lui à la troisième personne pour mieux moquer le style de son correspondant : « *Dans les circonstances de l'audience, il l'a jugée convenable au bien de la justice.* »

Au moment où il remplissait ses cartons pour libérer son petit bureau du palais de justice de Paris, François-Louis Coste avait accordé un entretien au *Figaro*. Voici ce qu'il déclarait : « *Dans un box, il ne peut pas y avoir de monstres. Moi je n'y ai vu que des concitoyens qui, un jour, dans l'ordinaire de leur vie, de nos vies, ont basculé. Tout fautif qu'il soit, un accusé est un des nôtres. Et c'est précisément pour cela qu'il est jugeable par nous. On est tous au même niveau, même si on n'a pas la même fonction dans la salle d'audience. On*

*peut éprouver mille émotions envers l'accusé et, mal-
gré tout, garder la distance exigée par la fonction.
On doit avoir une exigence de curiosité, être d'abord
fidèle à la loi plutôt qu'à ses supérieurs hiérarchiques
et, surtout, avoir un réel respect des témoins : brusquer, extorquer, suggérer conduit à trop d'erreurs. »*

*
* *

Cela, c'est l'exception. Au quotidien, l'accusation se contente souvent du plus facile : elle se
nourrit du malheur des victimes. Elle estime que
ce malheur lui est dû, se comportant comme un
usurier encaissant les intérêts du crime pour
mieux faire payer le coupable. Il y a eu à Aix-
en-Provence, en 2011, le procès de la belle en
hélicoptère de Pascal Payet, surnommé dans la
presse « le roi de l'évasion », défendu par mon
ami Luc Febbraro. Je défendais quant à moi l'un
de ses complices, Alain Armato. L'avocat général, sûr de son effet, demande au pilote de
l'engin, pris en otage par les malfaiteurs : « *Combien de temps avez-vous mis pour vous remettre ?* »

Le témoin : « *Oh, une nuit.* »

Tête de l'avocat général, déconfit. Certes, la
bande avait menotté le pilote avant de s'enfuir,

194

une fois son forfait accompli, mais elle avait pris soin – attention toute méridionale – de l'entraver à l'ombre, pour qu'il n'attrape pas un coup de soleil…

Autre témoin. Une caissière, dont les bandits en cavale avaient croisé le chemin. L'avocat général, comme un joueur qui essaye de se refaire à la roulette : « *Dites-nous, Madame, de combien de temps avez-vous eu besoin pour vous remettre ?* »

Le témoin, posément, comme le pilote : « *Oh, une nuit.* »

Lors des faits, l'un des membres du groupe en fuite avait fait mine de vider la caisse tenue par la dame ; mon client, relate-t-elle en souriant, lui avait alors tapé sur la main, comme on ferait à un enfant chapardeur, en lui glissant : « *On n'est pas là pour ça.* »

À Aix, ce jour-là, l'avocat général fut vraiment au désespoir de n'avoir pas, pour une fois, le malheur pour allié.

L'autre allié naturel du parquet, c'est la récidive, ou plutôt le fantasme de la récidive systématique, d'autant plus facile à évoquer que les médias le nourrissent généreusement. Or les chiffres montrent ce que le simple bon sens pourrait révéler : les criminels qui ne sévissent qu'une fois sont infiniment plus nombreux que ceux qui recommencent. Bien des criminels sont des citoyens ordinaires qui, un jour, sous l'effet d'une déraison soudaine, passent à l'acte. Et puis les récidivistes qui font vraiment peur sont une infime minorité au sein de l'infime minorité des récidivistes : ceux-là sont inaccessibles au durcissement des lois, se moquent des peines encourues, des planchers comme des plafonds. Il n'y a jamais eu autant de pickpockets au mètre carré que parmi les foules massées devant les guillotines, quand les exécutions capitales étaient publiques : l'exemplarité des peines est une notion très relative...

J'ai honte pour ces avocats généraux qui ne comptent que sur le malheur et les fantasmes lorsqu'ils requièrent.

– 11 –

Misère

Certaines personnes se retrouvent, par la force des choses, dans une telle détresse que le crime leur semble la seule porte de sortie. C'est toujours la pire des solutions, mais pour des êtres fracassés, elle apparaît comme la meilleure : elle s'impose comme une évidence. Je pourrais raconter mille histoires où la misère a soufflé, comme un vent mauvais, sur le destin d'un homme ou d'une femme dont j'ai croisé le chemin. Misère financière, misère sentimentale, misère existentielle… peu importe : l'injustice sociale, dans certains cas, transforme un malheureux en accusé. Je vous parlerai seulement de Fabienne. Cette femme de quarante-cinq ans était accusée du pire des crimes, l'infanticide. Et pourtant, à son procès, où je l'assistais avec ma consœur Caroline Frémiot-Betscher, l'idée

197

qu'elle pouvait être acquittée n'était pas absurde. Avant de décortiquer le crime et de le condamner, il faut regarder celui qui en est accusé. Tenter, l'espace d'une seconde, de se mettre à sa place. Après, on peut essayer de juger. Acquitter quelqu'un qui reconnaît sa culpabilité, ce n'est pas forcément lui pardonner : c'est, en raison de circonstances exceptionnelles, dans des cas rarissimes, estimer que cette personne s'est déjà infligé sa peine.

*
* *

L'histoire de Fabienne est triste à pleurer. Mariée depuis vingt ans à un homme plus âgé qu'elle qui fut longtemps alcoolique et violent, elle avait eu avec lui trois enfants dont une fille, Laura, la cadette. Celle-ci était lourdement handicapée, souffrant d'une forme particulière et gravissime d'épilepsie (le syndrome de West) assortie de plusieurs complications. Laura n'avait aucune autonomie : sa mère s'en occupait du matin au soir. Leur relation était quasi fusionnelle. La médecine ne pouvait rien pour l'enfant, dont la souffrance était permanente ; une opération de la colonne vertébrale était envisagée mais sans espoir de rémission. Laura passait ses journées alitée. Incapable de parler, elle pleurait presque sans discontinuer. Fabienne la berçait, la nourrissait, la lavait. Elle lui faisait écouter les disques de Demis Roussos, le chanteur préféré de Laura dont la voix l'apaisait.

Un soir d'avril 2002 – Laura avait neuf ans et demi – Fabienne a craqué. Une énième algarade avec son époux, les pleurs de l'enfant, le sentiment que tout cela se finirait dans un cul-de-sac... Fabienne a pris la fillette dans ses bras. Elle pensait, dit-elle, se réfugier dans les Alpes, en Haute-Savoie, là où elle était elle-même allée, jadis, en colonie de vacances – le seul bon souvenir de son existence. Avant de quitter le domicile familial, Fabienne a saisi un couteau dans la cuisine. Elle a marché avec son fardeau de larmes et, à un moment, l'a posé à terre, dans la rue, près de la gare de Croix-Wasquehal (une localité voisine de Marcq-en-Barœul) qui était fermée à cette heure – mais elle ne le savait pas. Le couteau était dans sa main. La lame de quinze centimètres a mis fin aux souffrances de Laura. Puis Fabienne a appelé le « 17 » d'une cabine, disant aux policiers : « *J'ai tué ma fille.* » Quand la patrouille est arrivée, elle l'a conduite jusqu'au petit corps vêtu d'un pyjama.

BÊTE NOIRE

*
* *

Le procès s'est ouvert le 18 octobre 2005 aux assises du Nord, à Douai. Ce n'était pas l'affaire du siècle, les bancs de la presse n'étaient pas complets. Fabienne, toute petite et ronde, effrayée par le décorum du palais de justice, comparaissait libre. Elle portait un pull blanc et une jupe noire. Elle avait fait couper ses cheveux blonds à la garçonne et semblait ne pas comprendre ce qui lui arrivait. Souvent, elle jetait des coups d'œil perdus vers le fond de la salle où se trouvaient quelques proches. Son mari, qui devait pourtant témoigner, n'était pas là : il avait fourni un certificat médical, établissant qu'il s'était fait hospitaliser la veille pour une hernie étranglée... Seule avec Laura pendant neuf ans et demi, Fabienne était aujourd'hui seule face à ses juges.

La greffière vient de lire l'ordonnance de mise en accusation, qui est très courte — cinq pages. Le président Jean-Claude Monier (celui qui présida le premier procès d'Outreau et que j'ai souvent rencontré aux assises) lui parle très gentiment. Il commence par le crime, gardant la personnalité de l'accusée pour la seconde partie des débats ce qui, en l'espèce, n'est pas défavorable à la défense : « *Reconnaissez-vous les faits ?* »

Fabienne : « *Je me souviens plus très bien de ce qui s'est passé...*

— *Vous les aviez reconnus, à l'époque.*

— *J'ai fait ça pour sauver Laura, monsieur le président.*

— *Comment aviez-vous rencontré votre mari, avec qui vous avez eu quatre enfants dont une petite fille morte à la naissance, la benjamine étant Laura, née en 1992 ?*

— *J'allais pointer à l'ANPE. Il sortait d'une cure de désintoxication.* (Le président, sans cesse, doit la relancer pour qu'elle progresse dans son récit.) *Il faisait du terrassement et il ne voulait pas d'enfants. À la naissance du premier, en 1980, il buvait, me frappait... ça n'allait pas. Il a arrêté de boire quand il a appris que sa fille était handicapée. Elle faisait que pleurer. Lui, il hurlait plus qu'elle, ça lui faisait peur. Je ne savais plus quoi faire. Mon mari était jaloux des enfants. Il a mis mon fils aîné dehors quand il a eu dix-huit ans, parce qu'il croyait que j'avais des rapports avec. Il était gentil avec Laura mais quand je devais le laisser seul avec elle pour aller en courses, par exemple, il me disait : "Dépêche-toi, elle me tape dans le cœur, ça fait mal." Il fumait à côté d'elle alors qu'elle avait qu'un poumon. Il me donnait pas un coup de main quand je lui donnais son bain à genoux, pour pas qu'elle se noie. Il disait que je faisais rien à la maison, mais j'ai pas quatre bras. »*

Fabienne répond du mieux qu'elle peut au président. Elle ne se met pas en colère contre son mari qui n'a pas eu le courage de venir aux assises. Elle ne se plaint pas spécialement du sort de sa fille qu'elle a partagé au-delà de ce qu'on peut exiger d'une mère.

Le président en vient au soir du crime : « *Que s'est-il passé ?*

— J'avais endormi Laura et, sans le faire exprès, éteint la lumière du séjour. Mon mari a piqué sa crise, parce que son lecteur de DVD marchait pas comme il voulait. Après il s'est assoupi. J'ai voulu prendre une hache pour le supprimer, mais je me suis dit qu'il allait se réveiller, que c'est moi qui allais prendre un coup et que ma fille aurait plus personne. Alors j'ai pris un couteau pour me défendre et je suis partie avec elle pour aller en Haute-Savoie. »

L'autopsie de Laura a mis en évidence « *trois plaies franches cervicales avec section complète de l'artère carotide et du nerf pneumogastrique, responsables d'une hémorragie massive* ». Mais Fabienne ne veut pas se souvenir de cette scène : « *C'était* pas trois ou quatre coups de couteau comme vous dites, c'est pas possible. »

Le président : « *Il faut regarder les choses en face, même si c'est difficile.* »

L'accusée : « *Si j'aurais voulu la tuer, vous croyez que j'aurais fait tout ça pour elle ? Je voulais partir. C'est mon mari que je supportais plus…*

— Pourquoi l'avoir tuée avant de constater que la gare était fermée ?

— Elle était lourde à porter et j'avais oublié la poussette.

— Mais pourquoi avoir emporté un couteau ?

— On habitait un drôle de quartier. C'était pour me défendre de gens qui sont bizarres… Je voulais partir avec Laura, monsieur le président, mais comme elle était trop lourde c'était la seule solution à faire. »

L'avocat général, qui cherche à savoir si l'acte était prémédité, alors que Fabienne est renvoyée aux assises pour meurtre[1] : « *Quand avez-vous décidé de tuer Laura ? Chez vous ou dans la rue ?* »

---

1. Le meurtre est un homicide volontaire non prémédité, contrairement à l'assassinat. Mais dans le cas d'un meurtre commis sur son propre enfant, la peine théorique encourue est la même : réclusion criminelle à perpétuité.

Fabienne : « *Sur la route. Sinon je l'aurais tuée en lui donnant pas ses cachets, Maître.* »

On appelle un avocat général « Monsieur » et non pas « Maître », réservé aux avocats de la défense, mais Fabienne – comme beaucoup de mes clients, qui appellent aussi le président « votre honneur » ainsi qu'ils l'ont vu faire dans les films américains – ne le sait pas.

Parole à la défense. Je demande à Fabienne : « *Laura parlait ?* »

Fabienne : « *Non.*

— Elle marchait ?

— Non, Maître. Elle souriait seulement, quand je la chatouillais.

— Elle pleurait beaucoup ?

— Jour et nuit.

— Ce soir-là, vous aviez pris un bain avec elle ?

— Oui.

— Vous vous souvenez du pyjama qu'elle portait ?

— Non...

— Un pyjama avec des petits nounours : ça vous revient ?

— Non, Maître.

— Vous l'avez mise au lit et là, votre mari s'est mis en colère à cause du DVD. Il a menacé de vous "foutre la télé sur la gueule" ?

— Oui, Maître.

— Quand les policiers vous ont arrêtée, vous leur avez expliqué que la petite était trop lourde. Vous avez dit : "Lourde comme sa vie." De combien de coups de couteau vous souvenez-vous ?

— Un seul. »

Le président suspend l'audience. À la reprise, un pédiatre vient expliquer aux jurés ce dont souffrait Laura — ce dont elle n'aurait jamais guéri, cette maladie qui aurait fait de sa vie un enfer pour elle et pour ceux qui s'en occuperaient. On projette une photo de la petite. Fabienne pleure. L'expert confirme qu'elle entretenait avec son enfant une relation fusionnelle, avec « *une grande quantité d'amour prodiguée* ».

Le lendemain matin, l'audience s'ouvre sur les photographies de la scène de crime. La cour découvre Laura allongée sur le dos, jambes croisées, bras écartés. La bouche est entrouverte, on voit la langue, c'est insoutenable. Les yeux de Laura nous fixent, dans un silence pesant. À côté d'elle, un poignard étrange qui ressemble à un kriss malais. Un cadavre n'est jamais beau. Celui d'un enfant est toujours un scandale. La cour d'assises a la gorge nouée. L'accusée sanglote.

Les clichés du domicile, à présent. Aux murs, de nombreuses photos de Laura et des autres enfants. On montre un scellé : le mot laissé par Fabienne. « *Je ne veux pas rester avec un fou qui veut me frapper.* » D'autres photos : les cassettes de Demis Roussos dans la chambre de Laura. Une hache, posée à côté du lavabo de la salle de bains. Les chaussures de Fabienne, tachées du sang de Laura. Fabienne, immédiatement après son arrestation ; elle porte le même pull blanc qu'aux assises.

Place aux témoins. Une chargée de mission à la mairie de Roubaix, spécialiste des personnes handicapées, décrit Laura comme une petite fille qui avait « *des capacités relationnelles grâce aux soins et à l'affection de sa maman* ». Elle ajoute : « *Je n'ai vu le papa que trois fois en quatre ans.* » Puis : « *Fabienne était très isolée. Elle portait seule ce lourd fardeau mais ne se plaignait jamais. Elle considérait que c'était son devoir, par amour.* »

Je demande au président de bien vouloir donner lecture d'un courrier que j'ai reçu à mon cabinet à l'intention de Fabienne. Il m'a été envoyé par les parents d'un enfant atteint, comme Laura, du syndrome de West, et raconte la souffrance, l'isolement, les prises en charge insuffisantes, la révolte des familles, le fossé qui se creuse avec l'entourage, les nuits sans sommeil. Ces parents écrivent à Fabienne : « *Nous comprenons votre calvaire.* »

Ce courrier bouleversant est lu par le président d'un débit rapide, sans affect, comme il le ferait d'une liste de commissions. Ce n'est pas loyal. Caroline Frémiot-Betscher prend le relais d'une voix posée : « *Nous pensons que Laura percevait profondément la qualité de votre amour. Nous prions pour vous et tous ceux qui participent à ce procès.* » Pourquoi le magistrat s'efforce-t-il de gommer toute l'émotion contenue dans ce courrier ? Parce que l'avocat général, qui porte la même robe rouge que lui, va bientôt requérir, et qu'il ne veut pas donner l'impression de lui savonner la planche ?

Encore un témoin, encore une femme. Une éducatrice qui travaillait dans un centre d'accueil qui, un temps, prit Laura en charge : « *Elle portait un corset avec une mentonnière. Sinon, c'était une poupée de chiffon. Elle pleurait beaucoup. Elle était souvent malade — des bronchites fréquentes. Sa maman avait du mal à lui mettre son corset — "ses boulons", comme elle disait, en protestant : "Ma fille n'est pas un robot !" Fabienne arrivait au centre dès 15 h 30, après avoir parcouru quatre kilomètres à pied pour retrouver sa fille plus tôt. C'était sa raison et sa joie de vivre.*

Laura avait une grosse langue, ce qui rendait le moment des repas difficile et long. Elle ne pouvait absorber que des purées pas trop épaisses et ne buvait pas de liquide normal, mais de l'eau gélifiée. Elle souriait toujours en voyant sa maman arriver. Je n'ai rencontré le père de Laura qu'à son domicile. Il ne venait jamais au centre, prétextant que ça lui faisait trop de mal de voir tous ces enfants handicapés. Au lendemain du drame, sa seule préoccupation, c'était que sa femme était partie avec son portefeuille. »

Comme le père de Laura est absent, le président lit ses déclarations recueillies sur procès-verbal pendant l'instruction. Sur la nuit du drame, l'homme déclare, immédiatement après le crime, s'agissant de Fabienne : « *On s'est disputés avant le film. C'était Zorro, je crois. Elle me crie dans les oreilles, ça fait sept ans, je lui ai dit d'arrêter ses singeries. Elle m'a dit : "Tu peux crever, t'es un bon à rien." Avec tout ce que je fais à la maison... Avec Laura, on l'appelle la mère poule, elle l'a toujours dans ses bras. Qu'est-ce qui lui est passé par la tête ? Elle n'a jamais été violente... Je l'aimais bien, ma petite puce (Laura)... Je voudrais si possible récupérer mon portefeuille et mon argent.* » Une semaine plus tard, le même homme donne du couple qu'il formait avec Fabienne – qui écoute la lecture avec stupéfaction – une image idyllique : « *On se disputait comme tous les couples mais ça s'arrangeait toujours avec une caresse et un petit bisou. Je lui donnais de l'argent pour qu'elle puisse s'acheter tout ce qu'elle voulait. J'aimais ma petite fille, c'était mes deux yeux.* » Ce père modèle ne se souvient plus, cependant, de la date de naissance de ses deux premiers enfants.

Fabienne : « *Il a beaucoup menti. Il me donnait jamais d'argent, on s'habillait avec le Secours catholique ou la Croix-Rouge. Il ne voulait pas changer les chaussures de Laura sous prétexte qu'elle ne marchait pas. Mon mari, c'est un comédien. Il fait la comédie pour pas venir, je le sais.* »

Les débats touchent à leur fin. Avant de donner la parole à l'avocat général, le président aborde la personnalité de Fabienne. Il l'aide à raconter sa vie. Une jeunesse émaillée de fugues et ponctuées par les coups de son père, des études complètement ratées – « *J'apprenais rien, je faisais rire mes camarades* », se souvient Fabienne, qui aurait toutefois « *voulu devenir puéricultrice* ».

Le président : « *Votre mère est morte en 2000.* »

Fabienne : « *Oui. Mon ex-mari a refusé que j'aille à son enterrement car il ne savait pas s'occuper de Laura.* » Elle dit « *mon ex-mari* » car ils sont divorcés depuis peu, c'est elle qui avait pris l'initiative de la procédure pendant ses trois mois de détention provisoire.

Les experts psychologue et psychiatre dressent de l'accusée le portrait d'une femme à l'intelligence limitée, qui voyait en sa fille un prolongement d'elle-même et se reprochait d'être responsable de son handicap. Selon la psychiatre, le soir du crime, Fabienne – qui, je le rappelle, avait d'abord pensé à tuer son mari – est devenue une femme « *mortifère, meurtrière et mortifiée* ». « *Contrairement à ce que dit son papa,* poursuit le médecin, *nous pensons qu'elle va de plus en plus mal. La perte de Laura, c'est la perte d'une partie d'elle-même, une sorte de mort psychique.* »

J'interroge l'expert qui déclare qu'à ses yeux « *on est plus proche du suicide que du meurtre* » avec le geste désespéré de Fabienne. En fin d'après-midi de ce deuxième jour d'audience, le docteur Roland Coutanceau, psychiatre habitué des cours d'assises, estime que le discernement de Fabienne était non pas aboli mais altéré quand elle a tué Laura.

Le matin du troisième et dernier jour s'ouvre sur le réquisitoire. L'avocat général Jean-Marie Descamps feint d'abord la compassion mesurée : « *Commençons par la séquence émotion* », déclare-t-il du haut de son estrade, admettant que « *le contexte doit valoir à l'accusée une large atténuation de la responsabilité* ». Je sais que le ministère public aura du mal à demander l'acquittement d'une mère infanticide et qu'il ne supporterait pas que la cour le prononce[1]. Je peux comprendre cette position. Mais pas au point d'admettre des arguments d'une mauvaise foi caractérisée : « *La société aurait beaucoup à se faire pardonner ? Débat surréaliste ! L'accusée n'a jamais manqué d'aide* », assène l'avocat général.

N'a-t-il pas entendu, la veille, les témoins qui expliquaient combien il était difficile, pour les parents d'enfants handicapés, surtout dans les milieux modestes, de trouver des structures adaptées à leurs besoins ? Ne se souvient-il pas de la lettre que m'ont envoyée des parents d'un enfant handicapé, si mal lue par le président Monier ? Le magistrat requiert, au bout d'une

---

1. Aux assises, la peine minimale est de deux ans de prison avec sursis. Fabienne encourt théoriquement la réclusion criminelle à perpétuité pour le meurtre de son propre enfant.

heure, « *une peine de principe* », pour que la mort de Laura « *soit marquée d'une pierre blanche et ne reste pas impunie* ». Aux jurés : « *Vous avez un message fort et modéré à adresser à la société, et aussi un message d'encouragement pour tous ceux qui prennent en charge les handicapés.* » Avant de se rasseoir, il demande que la peine soit assortie d'un sursis-mise à l'épreuve, avec obligation de soins[1].

*
* *

À nous. À Caroline Frémiot-Betscher et à moi de nous démener pour éviter à Fabienne une condamnation disproportionnée. Nous avons tout contre nous : la loi, le droit, la morale. Mais, pour nous, deux jours de débats qui ont mis au jour la souffrance d'une mère, sa solitude, son amour inouï pour sa petite fille. « *C'est incroyable ce que trop d'amour peut faire* », résume Caroline, magnifique, qui cite Cioran : « *Chacun s'accroche comme il peut à sa mauvaise étoile.* » « *Fabienne irait à genoux jusqu'à la Lune pour*

---

1. Le sursis est conditionné à certaines obligations, sous le contrôle d'un juge d'application des peines, et révoqué si celles-ci ne sont pas remplies.

retrouver Laura s'il le fallait, poursuit-elle. *Tout à l'heure, elle m'a demandé ce que signifiait un sursis-mise à l'épreuve : elle croyait qu'il s'agissait de s'occuper d'un autre enfant handicapé jusqu'à la fin de ses jours. Elle y était prête ! Fabienne est une femme extraordinaire. »*

À moi de conclure. Je me lève. Je sens sur ma nuque le regard de Fabienne. Je veux montrer le fossé qui existe entre la froideur du dossier judiciaire et la réalité de la relation qui unissait Fabienne et Laura. Je m'élance : « *Le 14 avril 2002, dans une rue sombre, commence l'affaire 102609/02. On découvre le corps sans vie d'un enfant de sexe féminin, qui gît sur le trottoir, à l'angle des rues Thiers et Anatole-France. C'est un infanticide, le pire des crimes. Ce jour-là, se termine une histoire d'amour. Une petite princesse vêtue d'un pyjama décoré de nounours s'est endormie sur un lit de poussière. Elle ne s'est pas réveillée. Qu'emporte-t-elle ? L'odeur âcre des Gauloises sans filtre fumées par son père ? Ou la chaleur des caresses et des baisers de sa mère ?* »

J'entends Fabienne qui pleure. Je vois tomber des yeux d'Élisabeth Fleury, la journaliste du *Parisien*, assise à quelques centimètres de moi, de grosses gouttes qui s'écrasent sur son cahier. Je sens une bonne partie du jury prise à la gorge par l'émotion. Ce n'est pas une ficelle d'avocat :

on ne tire pas des sanglots de n'importe quel dossier. Celui qui pleure ne vous pardonnera jamais de vous avoir offert ses larmes si vous l'avez grugé. Mais la vie de Fabienne est à pleurer : elle est pitoyable et aussi admirable, non pas parce qu'elle a tué sa fille, bien sûr, mais parce qu'elle a commis ce geste par amour pour elle, bien que ce geste n'ait aucun sens pour nous.

J'attaque le père de Laura, dont la fuite m'exaspère, pas pour l'accabler – je m'en moque – mais pour mettre en évidence la solitude de Fabienne : « *J'aimais ma petite puce, disait-il aux policiers, j'aimerais récupérer mon portefeuille.* "Les chiens aussi donnent la vie, ça ne fait pas d'eux des pères", *écrivait Pagnol.* »

Le point fort de la défense, c'est la personnalité de l'accusée. Je me concentre sur cette petite bonne femme en pull-over blanc. « *Ainsi Fabienne serait-elle coupable depuis l'enfance : de ne pas avoir été assez forte à l'école ; d'être marginale et pas très futée ; d'avoir épousé son mari et de n'avoir pas divorcé plus tôt ; de la mort de Marguerite, sa petite fille qui est née sans vie ; du handicap de Laura ; de son diabète à elle. Et on va en ajouter une petite louche en la condamnant ?*

(Aux jurés.) Je vais vous dire pourquoi il faut voter "non" aux questions qui vont vous être posées.

214

Pour des raisons psychiatriques : l'hypothèse d'une psychose n'est pas invraisemblable selon l'expert, même s'il ne la valide pas. Pour des raisons de cœur, surtout. Nul ne vous demande de comptes. La question n'est pas de savoir si Fabienne a tué sa fille, mais si elle est coupable de l'avoir tuée volontairement. Oui, la cour peut rendre une décision au bénéfice du cœur ! Lorsqu'elle frappe la petite, c'est elle qu'elle frappe. Oserez-vous lui dire, en la regardant dans les yeux, que vous la considérez comme une criminelle ? Si vous le faisiez, justice serait morte et nous irions nous coucher. Comment l'aurions-nous regardée, nous, Laura ? On pleure devant le Téléthon et les larmes ont séché quand on voit Fabienne portant Laura ? Qui sommes-nous pour la juger ? Pour la condamner ? Vous avez le droit de répondre : "Non." Cette femme, elle est là, regardez-la ! Moi, je l'acquitte. Et il faudrait la condamner pour l'aider, comme le demande l'avocat général ? Vous savez de quoi elle a besoin ? Que vous l'aidiez, un instant seulement, à porter Laura. Que vous lui disiez qu'elle n'est pas responsable, ni coupable de sa scolarité, du mariage, du handicap. Qu'elle n'est pas une criminelle. Et si on disait à Fabienne que sa peine est déjà purgée parce qu'elle est enfermée, à jamais, dans son crime ? Condamner les gens pour les aider… Fabienne a écrit : "Si j'aurais été normale, je l'aurais pas fait." Fabienne

*a besoin d'un regard fraternel. D'un regard
d'amour, pas d'un jugement. »*

Le président lui donne la parole en dernier.
Elle se lève et dit ce dont chacun est persuadé :
« *J'aimais Laura.* »

*
* *

La cour se retire pour délibérer, il est 11 h 30.
Caroline Frémiot-Betscher et moi avons l'espoir
que les jurés seront sensibles à la détresse de
l'accusée. Ils reviennent à 14 heures. Le président rend le verdict : « oui » aux questions sur
la culpabilité, « non » à celle portant sur l'irres-
ponsabilité pénale. Il n'y aura pas d'acquittement. La peine : cinq ans avec sursis-mise à
l'épreuve et obligation de soins. Fabienne ne
retourne pas en prison, mais elle reste seule. Je
n'ai pas été suffisamment convaincant. Je
l'embrasse. Elle se tourne vers la salle qui commence à se vider, cherchant ses proches qui ne
l'ont jamais aidée – mais elle n'a qu'eux. Elle
aperçoit son père et crie : « *Tu m'attends,
papa ?* »

– 12 –

Racines

Mon grand-père maternel a quitté l'Italie du Nord pour le nord de la France dans les années 1950. Un jour, on a retrouvé son cadavre le long d'une voie ferrée. Ses enfants ont toujours pensé qu'il avait été assassiné mais que la justice s'en était moquée parce qu'il n'était qu'un petit immigré rital, même pas un binational... Il n'y a jamais eu d'enquête sur sa mort.

Les Moretti viennent de la région des Marches. C'était une famille de travailleurs agricoles, des gens pauvres et durs au mal. Ma mère, Elena, est née là-bas, près d'Ancône. Son père avait pris, seul, la route de la France, puis il a fait venir ses enfants. Quand ma mère a rencontré mon père, elle ne parlait pas sa langue. Elle était ouvrière dans une usine de carrelage et lui ouvrier chez Vallourec, une société qui produit des tubes en acier. Je suis né le 20 avril 1961. Mon père est mort quand j'avais quatre ans. La dernière fois que je l'ai vu, il était hospitalisé au pavillon des cancéreux, à la Pitié-Salpêtrière, et portait une robe de chambre rouge.

Hervé Temime soutient que nombre de pénalistes ont pour particularité d'avoir été, très jeunes, orphelins de père. C'est, dit-il, son cas, le mien, celui du grand plaideur marseillais des années 1950, Émile Pollak, de Robert Badinter, de Georges Kiejman… Peut-être Hervé Temime a-t-il raison : la perte du père survenue bien trop tôt, pour un garçon, c'est une sorte d'injustice originelle. De cette blessure inguérissable suinte une part de folie, une névrose productive qu'on va mettre au service des autres − nos clients − sans jamais chercher vraiment l'apaisement personnel ; de ce chagrin naît, baptisé par nos larmes, l'ego fort et gourmand, mais nullement autocentré, nécessaire pour affronter les assises. Les vrais avocats pénalistes ne reconnaissent ni Dieu, ni maître, ils ne rendent de comptes à personne − leur père n'a pas eu le temps de le leur apprendre. Les meilleures plaidoiries sont inspirées par un surmoi douloureux, un manque, une rage.

J'ai grandi à la campagne, dans l'Avesnois, où réside toujours ma mère. Mon instituteur avait été celui de mon père. Tout allait bien jusqu'à la classe de sixième. Là, j'ai commencé à avoir des problèmes de discipline et ma mère m'a inscrit dans un cours privé catholique. L'enfer. Mais jusqu'en troisième, j'ai été un très bon élève. Après, j'ai rechuté, faisant écouter *Sans le latin, la messe nous emmerde* de Brassens à un curé. J'avais une passion pour le français et l'histoire. Mon professeur d'histoire, d'ailleurs, fut souvent mon avocat au conseil de discipline.

Depuis l'âge de seize ou dix-sept ans, j'ai travaillé pour payer mes études. Ma mère est devenue femme de ménage puis « technicienne de surface » sans que sa fiche de paie ne profite de cette promotion linguistique... J'ai été fossoyeur, maçon, déchargeur de sacs de sable, ouvrier à la chaîne, serveur dans des boîtes de nuit ou des restaurants, pion... Ce parcours m'a offert la chance inouïe de développer un contact très particulier avec les gens – mes futurs jurés. Je suis aussi à l'aise avec un prolo qu'avec un chef d'entreprise, et cela me sert énormément aux assises. J'essaye de toucher les jurés à la tête et au cœur. Je ne suis pas un avocat inaccessible.

Je voudrais qu'ils aient envie de boire un Ricard avec moi. Pas du champagne.

Après le bac, je me suis inscrit à la faculté de droit de Lille, pour entrer au barreau. Pendant ma dernière année de formation, j'ai réussi à visiter la prison de Saint-Martin-en-Ré. Ma première expérience en milieu carcéral. Un choc. J'ai fait mon stage en juridiction chez moi, au tribunal d'Avesnes-sur-Helpe. Il y avait un type, un marginal un peu dérangé, qui assistait à toutes les audiences. Il développait des théories cosmopolitiques fumeuses sur la justice, mais c'était un brave gars. Lorsque la présidente du tribunal a été décorée de l'ordre national du Mérite, elle l'a invité à la réception. Quand on sait l'importance que revêtent les médailles dans la magistrature, on saisit mieux l'allure d'un tel geste.

Puis, j'ai fait un stage d'un mois chez un formidable avocat lillois, Jean Descamps. J'ai été le témoin de l'acquittement d'un homme poursuivi pour un homicide, à Douai. C'était un vieil Arabe qui parlait à peine le français. Sur un procès-verbal consigné par les enquêteurs, il déclarait : « *Nous vîmes le quatuor s'éloigner.* » Jean Descamps m'aimait bien. Il m'a proposé d'être l'avocat de la mairie de Lille, une offre qui ne se refuse pas. Je l'ai donc refusée, pour préserver ma totale liberté et me gaver de pénal. Les causes, les associations, les « personnes morales » m'ennuient. Je ne défends que des hommes seuls. Déjà, mon ego cabossé, mon ego avide de notoriété, mon ego boulimique d'assises avait pris le dessus sur l'envie d'une belle carrière classique.

Alain Furbury m'a envoyé un jour un article signé par Roger Merle, ancien bâtonnier de Toulouse. Ces mots, écrits il y a une quinzaine d'années sous le titre « La race des avocats-artistes », restent d'une actualité troublante, et je m'y retrouve. Le bâtonnier Merle défendait l'idée d'avocats qui exercent leur profession *« avec une passion comparable à celle d'un comédien, d'un chanteur d'opéra, d'un musicien, d'un peintre ou d'un matador de taureaux »*. À ses yeux, ces spécimens sont des « *bêtes à défendre* », qui ne refusent guère de causes. J'aime plaider, convaincre et, plus que tout, persuader. Battre l'estrade de la justice. Je ne suis pas un artiste, mais je n'imagine pas devoir un jour quitter la scène des assises.

– 13 –

Célèbre

Un jour, mon ami Dominique Mattei, ancien bâtonnier de Marseille, m'a affectueusement surnommé, lors d'un colloque, « *acquittador* ». Le mot me plaisait beaucoup, parce qu'il sonnait moins à mes oreilles comme métaphore tauromachique que comme une déclaration d'amitié, une déclinaison inédite du verbe adorer, or ce genre de délicatesse publique n'est pas forcément plus fréquent dans la corporation des avocats que dans d'autres. Le mot a été cueilli au vol par un journaliste, et déformé en « *acquittator* ». Je n'aime pas ce terme, qui tient de Terminator, dans lequel toute tendresse a été gommée au bénéfice d'un esprit de compétition fort déplacé. On devrait malheureusement me surnommer « condamnator » plus souvent qu'« acquittator »… Ce sobriquet me met mal à l'aise et engendre un flot d'espérances qu'il me faut endiguer avec la plus grande fermeté. Il suscite aussi des fantasmes nauséabonds. En mars 2011, je plaidais à Carcassonne, au côté de Jean-Robert Phung, pour un jeune d'origine algérienne accusé du meurtre d'une femme et de son bébé. Jean-Robert m'avait montré des réactions d'internautes sur le site du journal local : comment un Algérien de vingt-quatre ans pouvait-il se payer les services d'« Acquittator » ? C'était infect.

Je suis devenu au fil des années un avocat connu et je tente de mettre le plus de frein possible aux conséquences parfois néfastes de cette notoriété. Je lis de temps en temps dans un journal le nombre total (présumé) des acquittements que j'ai contribué à obtenir. Peu importe que le chiffre soit généralement faux. Ce qui m'est désagréable, c'est que ce décompte donne l'impression que je joue, que je plaide comme d'autres s'assoient à la roulette. À la toute fin de l'année 2010, j'intervenais en Suisse à la demande d'une consœur helvète réputée, Yael Hayat, et *La Tribune de Genève* a posé la question suivante : « *Gagnera-t-il son pari genevois ?* » J'ai reçu cela comme une offense.

Je refuse peu de dossiers. J'aurais défendu Klaus Barbie et même Hitler s'ils me l'avaient demandé. Non que j'adhère à leurs idées odieuses. Mais parce que l'essence même de l'avocat, c'est de ne refuser la défense de personne pourvu qu'on puisse la soutenir de manière honorable. Je peux défendre un négationniste, mais en aucun cas le négationnisme. Du droit, pas de la morale : la règle ne souffre pas d'exception, c'est une éthique. Si je décline les propositions, c'est surtout pour des raisons d'emploi du temps ou parce qu'on me propose des dossiers qui s'éloignent trop du champ pénal. Il y a de cela six ou sept ans, *Le Figaro* a publié un portrait de moi fort élogieux. J'ai été approché par Jean-Claude Decaux, le pape du mobilier urbain. Nous nous sommes rencontrés à l'abri des regards, dans un célèbre restaurant parisien des Champs-Élysées où il avait réservé un salon privé. Ce qui avait aussi retenu l'attention de mon hôte, dans l'article, c'est ma passion pour les faucons et la chasse, qu'il partage. Toujours est-il qu'il m'a rapidement proposé de devenir son avocat, dans le cadre de ses affaires. Je me suis empressé de refuser cette offre exceptionnelle, lui expliquant que je ne serais pas à la hauteur et qu'en plus je m'ennuierais, mais je pensais aux dizaines de confrères que cette proposition ferait rêver. Nous avons passé une soirée exquise à parler de mille autres sujets.

La notoriété se construit dès le premier client. Pour moi, ce fut une cliente. Elle s'appelait Rose Senatus, elle était haïtienne et on la poursuivait devant le tribunal correctionnel d'Avesnes-sur-Helpe pour avoir favorisé le séjour clandestin d'un autre Haïtien. C'était son propre fils, mais ce détail avait échappé au parquet...

La notoriété d'un avocat progresse lentement. C'est comme une cuisson au bain-marie, il faut être patient et ne pas être tenté de pousser les feux trop vite. On débute avec de petits clients, de petites affaires, on obtient deux ans de prison au lieu des trois requis, le condamné dit à ses codétenus que son avocat est jeune mais qu'il s'est bien battu. La défense, c'est un combat. Alain Monier, qui préside la cour d'assises du Pas-de-Calais (le premier procès d'Outreau, c'était lui), disait souvent que c'est « *un combat d'hommes libres* ». Marc Bonnant, ancien bâtonnier de Genève, époustouflant d'éloquence, estime, lui, que la justice doit célébrer le culte d'Éris, la déesse grecque de la Discorde. Le système judiciaire engendre sa violence propre, et il faudrait en exclure la contestation ? Beaucoup de magistrats attendent des avocats qu'ils se comportent comme des pots de géraniums posés devant le box. Qu'ils inscrivent leur intervention dans le cadre de l'hypothèse retenue à l'instruction. Mais quand ils osent dire « vous pouvez vous tromper », alors c'est une sorte de profanation. Il faut être un immense bonhomme pour faire un bon juge. Le bon juge se méfie de lui-même, de ses préjugés, des certitudes qu'il s'est forgées en lisant la procédure. J'aurais été un magistrat exécrable, tant je déteste avoir tort.

J'ai senti monter ma notoriété de manière très consciente. Les premiers signes se sont manifestés au tribunal de Lille, j'étais le régional de l'étape et je prenais beaucoup de « commissions d'office », système qui permet à ceux qui n'ont pas d'avocat attitré – le plus souvent, ils n'ont pas d'argent non plus – d'être défendus quand même. C'était l'époque des coups d'éclat procéduraux, les moyens de nullité étaient plus nombreux et on les évoquait à l'audience. Comme d'autres – les Thierry Herzog, Hervé Temime, Pierre Haïk, Philippe Dehapiot, etc. – j'ai méthodiquement travaillé la procédure. J'avais remarqué qu'à Lille, en raison d'un problème d'effectifs dans le service d'ordre, on fermait les portes du tribunal à une certaine heure. Ce jour-là, je défendais un homme mis en cause dans une affaire de stupéfiants. Au tout début de l'audience, je suis allé voir le président et lui ai expliqué – ce qu'il n'avait sans doute jamais entendu de toute sa carrière – que je n'étais pas pressé du tout, qu'il pouvait prendre les autres dossiers avant le mien. Tout le monde était content. L'audience se déroule et, fort tard dans la soirée, on appelle mon dossier. Je fais alors remarquer que l'audience n'est plus publique et, constat d'huissier à l'appui, demande la nullité : bingo ! Le client repart libre. Ce genre de coup fait beaucoup pour asseoir une notoriété.

Peu à peu, j'ai senti poindre l'intérêt des médias locaux, régionaux, puis nationaux. La carrière d'un pénaliste ne peut pas se construire sans les médias : avant Dreyfus, déjà, les avocats ont eu besoin de la presse – ou du livre quand il n'y avait pas de journaux. Le tout est de savoir quelles limites on impose, quelle image on veut transmettre. Je ne suis pas forcément un très bon client pour les chroniqueurs judiciaires. En mars 2010, au procès en appel de Jacques Viguier, ce professeur de droit toulousain accusé d'avoir tué son épouse, j'ai imposé une stratégie de silence absolu aux médias, pourtant venus en masse à Albi. C'était difficile à tenir, les sollicitations étaient nombreuses. Mais j'ai tenu bon et je m'en félicite encore aujourd'hui. Car, ne pouvant utiliser de déclarations de la défense, les journalistes en sont venus à moins faire parler la partie civile alors que la mode consiste à diffuser les propos de celle-ci après ceux de la défense – ce qui est une hérésie, la recherche permanente du registre compassionnel balayant le respect des droits de la défense. À l'audience, d'où les caméras sont exclues, la défense a toujours la parole en dernier. Hors audience, où règnent les caméras, c'est généralement la victime qui a le mot de la fin : pourquoi ? Jacques Viguier a été acquitté parce qu'il est innocent, aidé par le travail que ses avocats successifs ont accompli pour en convaincre les assises, et pour rien d'autre.

Je ne veux pas aller me produire dans un talk-show ou une émission de variétés si j'ai l'impression que je ne pourrai pas défendre comme je l'entends la conception que je me fais de mon métier. Je ne vais sur un plateau de télévision que si j'ai un message à faire passer : je ne serai pas l'avocat de service cathodique. Il est trop facile de se perdre sur ce terrain qui n'est pas le mien, dans cet univers parallèle mû par son énergie propre et auquel je risque de ne pas pouvoir imposer un rapport de forces propice à mon idéal. Le fait d'être médiatisé n'est pas, en soi, un gage de qualité, loin s'en faut. Certains avocats, excellents, ont fait le choix de ne pas investir le champ médiatique. Moi, j'ai choisi de me laisser un peu exploiter par la machine de l'image, mais j'espère rester vigilant. La médiatisation présente des avantages certains, en terme de publicité notamment. Il n'est pas désagréable d'être reconnu par le coiffeur ou le chauffeur de taxi qui gratte pendant la course une petite consultation sur la meilleure manière de récupérer ses points de permis. La notoriété ouvre des horizons, permet de toucher des gens, des mondes. Mais tout cela reste relatif. Un jour, en Bretagne, un vacancier m'arrête : « *Ah ! Je vous reconnais, vous êtes Gilbert Collard.* » J'ai dit oui, bien sûr. Il me tend alors un exemplaire du *Nouveau Détective*, je lui ai dédicacé un article de Michel Mary sous couvert de ma nouvelle identité.

*

* *

La notoriété a changé le regard que les autres avocats portaient sur moi. J'avais très bien ressenti le mépris de certains grands noms du barreau, une façon particulière de me serrer la main, comme le hobereau accorde le privilège de ce contact physique à son palefrenier. Au fond d'eux-mêmes, ces confrères, qui voyaient de la paille sortir de dessous ma robe, ne me prenaient pas au sérieux. Ils trouvaient que j'avais de la chance d'obtenir des résultats convenables avec mon style rustique. Depuis des décennies, ils jouaient sur une sorte de connivence avec la magistrature : pour eux, c'est la bonne méthode. La mienne, qui consiste à imposer le bras de fer si le besoin s'en fait sentir, leur paraissait grossière. Et puis j'ai eu de plus en plus de bons résultats, je les ai affrontés et j'ai été meilleur qu'eux. J'ai, depuis, beaucoup de faux amis mais j'ai conservé tous les vrais.

Auprès des magistrats, la notoriété engendre différents sentiments. Certains – nombreux – s'en agacent tellement qu'ils ne peuvent pas le dissimuler. Ainsi ce président qui, au bout de vingt minutes d'audience, lâche à ma première question : « *On connaît votre réputation.* » Pour d'autres, mon statut de « vedette » judiciaire provoque une sorte de curiosité, une attirance mêlée de répulsion. Dans l'ensemble, juges et procureurs se méfient de moi, comme ils se méfient de tous les avocats. Un de mes amis pénalistes m'a raconté qu'il avait reçu en stage, à son cabinet, un jeune homme qui suivait sa scolarité à l'École nationale de la magistrature (ENM). Ce stagiaire s'est passionné pour ce qu'il a vu et appris. Mon confrère a eu l'idée généreuse de lui demander de plaider, à ses côtés, quelques dossiers. Le stage se termine et le stagiaire retourne auprès de ses futurs pairs, les magistrats de la cour d'appel. L'un d'entre eux, chargé de son suivi pédagogique, lui reprochera de s'être « trop investi » dans un cabinet d'avocats…

Je suis pour ma part *persona non grata* à l'ENM, et je le regrette franchement. Jean-Pierre Deschamps, qui présidait la cour d'assises des Bouches-du-Rhône, s'était mis en tête de m'inviter à une session de formation dont il avait la charge à l'ENM. Nous avions eu un mal fou à trouver un créneau dans nos agendas respectifs, mais nous avions fini par y parvenir. Quelque temps avant le fameux rendez-vous, Jean-Pierre Deschamps m'appelle, consterné : la direction de l'école avait mis son veto à ma venue. Des amis journalistes m'ont plusieurs fois confirmé, par la suite, que je figurais, avec d'autres, sur une liste noire destinée à établir autour des magistrats un cordon sanitaire, et à les préserver de la pensée subversive.

Je sais que beaucoup de magistrats nourrissent le fantasme d'une collusion occulte entre le barreau et la presse. C'est faux mais je les comprends, car ils sont tenus par un devoir de réserve et issus d'une culture de la soumission – pas moi. Quelques journalistes sont devenus des amis, mais nous n'entretenons pas de rapports de complaisance. Pourtant, la corporation des juges m'en veut, bien que je me flatte d'avoir des relations faites d'estime et de cordialité avec de nombreux magistrats. Certains d'entre eux me remercient régulièrement de dénoncer la culture de la soumission dans laquelle ils sont tenus, la culture de la statistique et du résultat telle qu'on la connaît également chez les policiers. C'est une idée fixe, omniprésente, dans la hiérarchie judiciaire. Cette idolâtrie du chiffre, parfois, produit de véritables monstruosités. Un exemple : une chambre correctionnelle de la cour d'appel est engorgée. Un remède très simple consiste à nommer à la tête de cette chambre un magistrat répressif, un cogneur. Très rapidement, le nombre des appels va diminuer (ainsi, bien sûr, que le stock des affaires à juger), car les prévenus savent que s'ils interjettent appel, ils verront leurs peines doublées.

L'autre problème est que le pénal n'est pas, pour la magistrature, la matière la plus courue. Ainsi, les magistrats les plus brillants, ceux qui savent rédiger les décisions civiles ou commerciales, sont la plupart du temps affectés aux chambres dites nobles, civiles et commerciales. Les chambres pénales sont dévolues à une minorité de magistrats qui veulent faire du pénal par vocation, et à tous les autres, incapables de rédiger une décision pointue sur le plan juridique. Il y a quelques années, un conseiller d'une cour d'appel avait été désigné président de cour d'assises car jugé incapable de présider une autre chambre. Il faut dire que la motivation d'un arrêt de cour d'assises consiste à répondre oui ou non à une culpabilité, et à infliger ensuite une peine en cas de condamnation... Beaucoup de magistrats ont conscience de cela et s'en plaignent. Je milite depuis longtemps pour qu'enfin on envisage la mise en place d'un système de responsabilité où le juge aurait à rendre des comptes devant les justiciables en cas de faute avérée. Aujourd'hui, il n'est plus possible de soutenir que l'indépendance du juge permet tout. Et beaucoup de magistrats me soutiennent sur ce point.

J'avais un jour, dans un entretien à *L'Express*, dénoncé l'endogamie triomphante qui règne au sein de la magistrature. Ils sont « entre eux », et se sentent supérieurs. Dominique Barella, alors président de l'Union syndicale des magistrats (USM, ultra-majoritaire) m'a écrit une lettre. Je ne résiste pas à l'envie de la reproduire ci-après, ainsi que ma réponse.

« Monsieur,
Dans une interview à L'Express *(13/03/2005), vous mettez une nouvelle fois en cause de manière globale et particulièrement virulente l'ensemble des magistrats. Vos propos mettant en cause le Conseil supérieur de la Magistrature et sa jurisprudence disciplinaire constituent des mensonges volontaires ou une ignorance abyssale des réalités. En effet, chaque année, depuis plus de dix ans, le CSM publie dans son rapport la liste des magistrats sanctionnés – notamment révoqués – que vous pouvez consulter sur le site CSM.*
Mais vous allez très au-delà d'une critique même virulente des magistrats lorsque vous dites que la magistrature est "une caste endogame". M. Ber-

lusconi n'avait pas dit autre chose en déclarant que les juges relevaient d'une race particulière. Peut-être avez-vous oublié également que M. Martinez, *élu du Front national, avait, il y a quelques années, tenu des propos du même type en parlant des magistrats :* "Ils sortent tous de la même école et se reproduisent entre eux. C'est normal qu'il y ait des affaissements génétiques chez ces gens-là." *Apparemment, vous avez également oublié les propos de Jean-Marie Le Pen qui souhaitait procéder à une* "épuration de la magistrature d'un tiers de ses effectifs" *ainsi qu'il l'a publiquement déclaré à l'occasion de la campagne du deuxième tour des présidentielles.*

Vos propos sont philosophiquement et socialement odieux et inacceptables. Souhaitez-vous introduire un nouveau critère de discrimination fondé sur la profession et l'amalgame ? Les magistrats comme les avocats et beaucoup de Français peuvent parfois rencontrer leur compagne ou compagnon de vie dans la sphère professionnelle ou à l'occasion de celle-ci, souhaitez-vous obliger les professionnels à déclarer leur vie privée ?

Je vous rappelle que le CSM est composé en partie de personnalités extérieures et que la magistrature ne constitue pas un ordre professionnel. Tous les ordres professionnels s'autogèrent — comme celui des avocats —, parlez-vous d'endogamie à leur égard ?

236

Venant d'un avocat, auxiliaire de justice, vos propos sont contraires à toute déontologie et constituent une dérive inquiétante du débat public sur la justice. Nous savons parfaitement que vous ne représentez que vous-même parmi les avocats, mais vos propos publics constituent un mépris de nos concitoyens et du justiciable qui attendent autre chose des professionnels du droit. Sachez que la grande majorité des magistrats aiment leur métier, se dévouent pour que la justice et le justiciable s'interrogent sur leurs pratiques. Quand une erreur judiciaire est commise, ils en sont meurtris et font tout pour l'éviter. Les juges sont des êtres humains, certes faillibles, mais qui ont droit comme tout citoyen au respect et non à l'insulte. Votre corporatisme individualiste ne rend pas service à ceux que vous prétendez défendre, d'autant qu'à aucun moment vous ne vous interrogez sur vos propres échecs dans le processus de défense.

Quand un tribunal se trompe, c'est que le juge s'est trompé ou a été trompé et que l'avocat n'a pas été capable de convaincre. Il n'y a pas de bon juge sans bon avocat. Mes collègues croient en l'intelligence du métier d'avocat.

L'Union syndicale des magistrats, au nom de la majorité des magistrats, a fait des propositions pour améliorer la prise de décision en matière de détention provisoire, nous réclamons la collégialité. Nous souhaitons le renforcement des moyens de l'instruction.

Nous nous battons contre le caractère limitatif des frais de justice criminelle à compter de 2006. Nous avons demandé au ministre de la Justice de procéder à un audit disciplinaire national de toutes les juridictions, connaissez-vous une seule profession qui ait ce courage et cette lucidité ? Mais sans doute le travail sur des propositions concrètes vous amuse moins que la provocation gratuite et stérile. Recevoir des leçons, nous l'acceptons, reconnaître nos erreurs, nous le faisons (cf. mon discours au congrès de Valence 2004), proposer des améliorations, nous nous y employons.

Je crains que mes arguments ne vous intéressent pas, tant vous semblez véhiculer une inexplicable haine poujadiste dans vos diverses interventions. Je me devais, même si cela ne vous touche pas, de vous dire que les magistrats aiment la justice, sont dévoués à nos concitoyens et à la loi.

Je vous prise d'agréer, Monsieur, l'expression de mes salutations.

(Copie à tous les magistrats.) »

Une telle missive ne pouvait rester sans réponse, d'autant que son auteur l'avait diffusée auprès de l'ensemble de ses collègues, ce qui n'était pas sans conséquences potentielles sur mon exercice professionnel – et sur le sort de mes clients. J'ai donc pris ma plume et rédigé le courrier que voici.

« Monsieur le Juge,
Permettez-moi, dans un premier temps de cette réponse, de souligner un point de convergence essentiel dans nos propositions respectives. Je suis d'accord avec vous lorsque vous écrivez que "la grande majorité des magistrats aiment leur métier", *mais ce qui me préoccupe pour le justiciable, même si, comme vous le soulignez, je ne représente que moi-même, c'est la petite minorité.*

Et les questions que j'ose sont les suivantes :
— Que fait la grande majorité de la petite minorité ?
— Pourquoi la petite minorité n'est-elle pas identifiée, contrôlée voire exclue de la magistrature ?
— Quel recours offre-t-on au justiciable contre cette petite minorité ?
Viennent ensuite les divergences.
Vous exprimez dans une formule tautologique et incantatoire à la fois l'idée, je vous cite, que "quand un tribunal se trompe c'est que le juge s'est trompé ou a été trompé, et que l'avocat n'a pas été capable de le convaincre". *L'analyse est un peu courte, ce qui m'importe dans ce débat qui nous oppose à propos du corporatisme de la magistrature, c'est de rappeler qu'il existe évidemment différents*

239

types d'erreurs et que celles qui tiennent par exemple à la paresse et à l'incompétence ne donnent pas lieu à sanction. D'ailleurs, j'estime que l'erreur judiciaire est en réalité toujours une prise de risque volontaire avec nos principes qui régissent la charge de la preuve. Quant aux bons avocats, l'affaire d'Outreau n'a pas dû en compter beaucoup puisque la quarantaine de demandes d'actes sollicitée a été rejetée.

S'agissant des principes, le procureur Stilinovic rappelle dans son ouvrage que la présomption d'innocence est un abus de langage. Au Sénat, le professeur Dupeyroux introduisait ainsi son propos : "Nous vivons dans un pays qui a une faible notion de ce que sont les Droits de l'homme." Beaucoup d'autres pensent, contrairement à vous, que la présomption d'innocence est en France un gadget pour colloque et cocktail, et nos pratiques en matière de détention provisoire le confirment.

S'agissant du caractère endogame du corps, vous me faites un faux procès, la question n'est pas la vie privée du juge mais l'éventuel retentissement de sa vie privée sur le procès, dont à tout le moins l'apparence doit être équitable. Oui, je trouve insupportable que Monsieur X soit le rédacteur du réquisitoire d'une affaire jugée par Madame X, son épouse. Oui, je trouve insupportable cette proximité *fonctionnelle, fusionnelle entre le parquet et le siège et les mauvaises habitudes qu'elle génère.*

Et lorsque Éric de Montgolfier [procureur de la République à Nice] *raconte sur le plateau de France 3 qu'à de multiples reprises certains magistrats du siège, craignant une annulation de procédure, lui demandent d'antidater un réquisitoire (évidemment au nom d'une juste cause), je pense que si le siège et le parquet étaient scindés, de telles pratiques n'auraient plus cours. Je songe aussi, à cet instant, au témoignage édifiant de ce magistrat démissionnaire de Tours qui, dans le journal* Le Monde, *a dénoncé tous les travers de l'institution en termes souvent identiques aux miens.*

Nous avons tellement peu la culture du doute et du procès équitable que la plupart des réformes en ce sens ont été entreprises sous la contrainte de la Cour européenne. C'est ainsi qu'au nom des habitudes, nous acceptions que le parquet général de la Cour de cassation participe aux délibérés. Le monde judiciaire idyllique dans lequel vous vivez n'est pas le monde dans lequel je vis, je constate au quotidien une déliquescence de nos principes et de la règle de droit au profit d'une morale collective de plus en plus répressive. Le populisme que vous me prêtez n'est rien à côté de celui que vos collègues ont affiché lorsqu'ils ont jeté le Code de procédure pénale sur le pavé de la place Vendôme à une époque, il est vrai, où se mettait en place la loi Guigou, plutôt favorable aux droits de la défense.

Enfin, c'est par une dialectique désespérément fragile et intellectuellement contestable que vous parvenez à mélanger, dans une conjugaison insultante à mon égard, mes propos à ceux du Front national que j'ai combattu toute ma vie. Vous vous trompez sur ce point, mais sans doute vous a-t-on trompé.

Je vous prie d'agréer, Monsieur le Juge, l'expression de ma parfaite considération.

P-S : Pouvez-vous donner à ma lettre le même écho que celui que vous avez réservé à la vôtre[1] ? »

Voilà ce qu'il en est de mes relations personnelles avec la magistrature dans son ensemble. Au moment du procès, j'oublie cette globalité, ces disputes, ces désaccords, pour en rester au cas particulier du moment. J'ai envie de retenir l'attention de mes juges, qu'ils soient tirés au sort pour le temps d'une session, ou professionnels. S'ils me suivent en rendant leur verdict, je suis heureux. Sinon, je les maudis. Pendant l'audience, je les observe, tentant de savoir lesquels me sont favorables. Je me souviens d'un procès, dans une cour d'assises du sud de la France. J'avais remarqué que dès que

---

1. Ce qui ne sera jamais fait !

je prenais la parole, l'un des deux assesseurs du président s'emparait de son stylo et noircissait de notes les papiers disposés devant lui. Bon présage : il m'écoute, donc il va bien finir par me croire. Lors d'une suspension, je souhaite aller voir le président pour régler avec lui une banale affaire d'intendance. Je passe donc de l'autre côté du prétoire et, ce faisant, jette machinalement un œil sur les documents restés à la place de mon assesseur bienveillant : loin de noter le moindre de mes mots, il reproduisait à l'envi sa propre signature pendant que je parlais. Il ne buvait pas mes paroles : il coupait le son.

*
* *

Les effets les plus agréables, et amusants, de la notoriété se font sentir à l'extérieur des palais de justice. Ce sont des inconnus qui m'interpellent en souriant, des regards complices au zinc d'un bistrot, des gens qui me dévisagent en essayant de se souvenir où ils ont vu mon visage… Il y a un restaurant que j'aime beaucoup, à Nice, La Petite Maison : une institution fréquentée par de nombreuses célébrités. Nicole, la patronne, y sert une cuisine exquise.

Chaque fois que je plaide là-bas je vais m'y régaler, et chaque fois c'est une fête. Un soir, j'étais attablé avec deux amis avocats, Thierry Herzog et Gérard Baudoux. Juste à côté dînaient Elton John et son compagnon, qui possèdent une villa dans l'arrière-pays. Soudain, un autre client s'approche de ma table : c'est un journaliste de la télévision canadienne ; il me voue, dit-il, une admiration sans bornes et cite d'ailleurs plusieurs affaires dans lesquelles je suis intervenu. Je lui présente Thierry et Gérard ; il demande s'il peut nous prendre en photo. Naturellement nous acceptons et nous voilà mitraillés par un Québécois, sous le regard médusé d'Elton John qui, pour une fois, n'est pas au centre de l'objectif et se demande ce que peut bien chanter ce barbu plus connu que lui.

Épilogue

Une matinée ensoleillée dans une préfecture du Sud. J'ai quitté mon hôtel très tôt pour aller boire un café sur le zinc d'un bistrot et lire le quotidien local. Il annonce l'ouverture aujourd'hui, aux assises, d'un procès en appel retentissant. L'affaire y est résumée à gros traits. Le journaliste dresse un portrait élogieux de l'avocat général et du président, qu'il fréquente depuis longtemps, rappelle les hauts faits du conseil de la partie civile, ancien bâtonnier du barreau local, et met en scène l'apparition d'un personnage, qu'il nomme « Acquittator ». Les autres, dans son article, font leur métier, celui-ci vient « jouer » quelque chose : un nouvel acquittement, l'embellissement de son image, un épisode de plus de terrorisme des prétoires... Je lis ce papier qui ne m'apprend rien, dans lequel je ne me reconnais pas, et me dirige vers le palais de justice.

La cour d'assises est encore déserte quand j'y pénètre. Seules s'y activent quelques petites mains, silencieuses, besogneuses et anonymes. Elles placent trois pauvres pièces à conviction sous scellés dans la vitrine qui leur est dévolue, vérifient le bon fonctionnement des micros, disposent neuf petites bouteilles d'eau là où s'assiéront les jurés, trois autres pour les magistrats professionnels, une pour l'avocat général. L'institution ne désaltère pas la défense.

Je contemple la salle encore chaude du dernier procès – les braises du drame humain ne refroidissent jamais complètement en ces lieux. Les bancs polis par des décennies de cris et de sanglots sentent quand même bon le bois ciré. Les hauts murs semblent marqués par l'écho des paroles magnifiques ou dérisoires qui ont été prononcées ici ; une cour d'assises, c'est comme une salle de squash dans laquelle les mots rebondissent à l'infini, violents, imprévisibles, traîtres, jusqu'au verdict. L'antique pendule fonctionne – dans les palais de justice modernes, l'horloge électrique est généralement en panne. Au plafond, une allégorie pompière ornée de citations latines rappelle que, toujours, la vertu terrasse le vice. La justice a les seins nus, elle porte un glaive et une balance. La victime repose sur le flanc, d'une lividité irradiante, son assassin est verdâtre et effrayé par le châtiment inéluctable. Il n'y a plus de crucifix de nos jours, mais ces allégories qui renvoient au crime originel, à Caïn et Abel, valent toutes les croix du monde. Un avocat célèbre du début du XXe siècle plaidait un jour l'erreur judiciaire aux assises. « *L'erreur judiciaire n'existe pas* », le coupe un contradicteur en hermine. « *Ah bon ? Et celle-ci ?* » rétorque l'orateur, Me Clemenceau, frère du futur président du Conseil, en pointant du doigt le Christ gigantesque qui surplombait la cour.

Je pose à ma place mon dossier, mes lunettes, ma robe que je revêtirai tout à l'heure. Derrière moi, le box vide, le siège de l'accusé garni d'un coussin crasseux et fatigué, le micro dans lequel il ne saura pas parler. C'est un métier, de parler au micro, cela s'apprend. L'accusé n'en a pas le temps, il est le plus souvent en CDD de justiciable lors de son procès, reniflant trop bruyamment dans la tige noire s'il pleure, murmurant trop près d'elle s'il s'excuse, criant trop fort son innocence et propulsant, de ce fait, sa voix stridente soulignée de larsen dans le vaste espace des assises.

En face, le pupitre surélevé du ministère public me défie déjà. En plaçant le représentant de la société sur une estrade, on a voulu l'avantager comme si, dans un marathon, un coureur partait avec cinq kilomètres d'avance. Moi, cette erreur de menuiserie volontaire excite mon désir de ramener l'accusateur public au niveau du sol, au niveau des preuves qu'il a le devoir d'administrer.

Les sièges des neuf jurés et des trois magistrats sont inoccupés. Théoriquement, aucun de ces douze juges n'a de voix prépondérante au délibéré mais le dossier du fauteuil central, celui du président, est plus haut que les autres. À la place qu'il occupera, est posée la grande urne dans laquelle il introduira les jetons numérotés qui serviront au tirage au sort des jurés, un drôle de Loto judiciaire dont dépend le sort de celui que je défends. Lui, il vient d'arriver de la maison d'arrêt, j'ai entendu, au café, la sirène du fourgon, son escorte l'a conduit dans une geôle minuscule et malodorante. Je vais aller le voir, le rassurer, ne rien lui promettre d'autre que de faire mon maximum.

J'ai salué, dans les coulisses, le président et ses assesseurs, l'avocat général. Je ne connais aucun d'entre eux, cette fois. C'est le moment où nous n'échangeons que des sourires, des mots de circonstance. Ils sont, disent-ils, enchantés de me rencontrer enfin, ils ont tellement entendu parler de moi, mais les méchancetés que leur ont glissées leurs collègues, bien sûr, ils n'y croient pas, il ne faut pas que je m'inquiète, ils seront d'une totale loyauté...

Le public commence à garnir le prétoire, j'entends le brouhaha qui enfle. J'endosse la robe d'Alain Furbury. C'est elle qui me porte.

Table des matières